# 50 EXERCICES pour RÉSOUDRE LES CONFLITS SANS VIOLENCE

Groupe Eyrolles
61, Bd Saint-Germain
75240 Paris Cedex 05

www.editions-eyrolles.com

*Christophe Carré est enseignant, diplômé en sciences de la communication et formé à différentes approches psychologiques et sociologiques. Il anime des conférences et des ateliers sur l'écologie relationnelle, la régulation des conflits, la non-violence et l'animation de groupe.*


ISBN : 978-2-212-54432-9

Christophe Carré

# 50 EXERCICES pour RÉSOUDRE LES CONFLITS SANS VIOLENCE



EYROLLES

**Dans la même collection :**

Philippe Auriol, Marie-Odile Vervisch, 50 *exercices pour s'affirmer*

Laurence Benatar, Sophie Benatar, 50 *exercices de relooking*

France Brécard, 50 *exercices pour savoir dire non*

Christophe Carré, 50 *exercices pour maîtriser l'art de la manipulation*

Laurie Hawkes, 50 *exercices d'estime de soi*

Laurence Levasseur, 50 *exercices pour gérer son stress*

Laurence Levasseur, 50 *exercices pour prendre la parole en public*

Jacques Regard, 50 *exercices pour ne plus tout remettre au lendemain*

Jacques Regard, 50 *exercices pour retrouver le bonheur*

Jean-Philippe Vidal, 50 *exercices pour mieux communiquer avec les autres*

# Sommaire

**Introduction** . . . . . . . . . . . . . . . . . . . . . . . . . . . . . **11**

**1 • Les conflits, une source de richesses ?** . . . . . . . . **13**

Exercice n° 1 : Pour moi, le conflit... . . . . . . . . . . . . . . . . . 14
Exercice n° 2 : Recettes . . . . . . . . . . . . . . . . . . . . . . . . . . 15
Exercice n° 3 : Avez-vous peur des conflits ? . . . . . . . . . . . . 16
Exercice n° 4 : Je gère ! . . . . . . . . . . . . . . . . . . . . . . . . . . 18
Exercice n° 5 : Retrouvez les définitions . . . . . . . . . . . . . . . 19
Exercice n° 6 : À quel type de conflit avons-nous affaire ? . 20
Exercice n° 7 : D'où vient le problème ? . . . . . . . . . . . . . . . 21
Exercice n° 8 : L'âne de Buridan . . . . . . . . . . . . . . . . . . . . 23
Exercice n° 9 : Conflits intérieurs . . . . . . . . . . . . . . . . . . . 25
Exercice n° 10 : Quiz . . . . . . . . . . . . . . . . . . . . . . . . . . . . 27
Exercice n° 11 : Conflits stériles et conflits créateurs . . . . . 29
Exercice n° 12 : Repas dominical . . . . . . . . . . . . . . . . . . . . 30

**2 • La dynamique conflictuelle** . . . . . . . . . . . . . . . . . **33**

Exercice n° 13 : Tensions internes . . . . . . . . . . . . . . . . . . . 34
Exercice n° 14 : Les nerfs . . . . . . . . . . . . . . . . . . . . . . . . . 36
Exercice n° 15 : Vos réactions privilégiées . . . . . . . . . . . . . 38
Exercice n° 16 : Imaginez les différentes attitudes . . . . . . . 43
Exercice n° 17 : Le processus du conflit . . . . . . . . . . . . . . . 45
Exercice n° 18 : Les erreurs d'interprétation . . . . . . . . . . . 47
Exercice n° 19 : Les erreurs d'interprétation à l'origine des conflits . . . . . . . . . . . . . . . . . . . . . . . . . . . . . . . 48
Exercice n° 20 : Désamorçage . . . . . . . . . . . . . . . . . . . . . . 50

Exercice n° 21 : Besoins fondamentaux . . . . . . . . . . . . . . . 53
Exercice n° 22 : Quels besoins sont insatisfaits ? . . . . . . . . 54
Exercice n° 23 : Les messages négatifs. . . . . . . . . . . . . . . . . 56
Exercice n° 24 : Premier rôle . . . . . . . . . . . . . . . . . . . . . . . 58
Exercice n° 25 : Triangles dramatiques. . . . . . . . . . . . . . . . 61
Exercice n° 26 : Le dilemme des porcs-épics. . . . . . . . . . . . 62
Exercice n° 27 : Les aveugles et l'éléphant . . . . . . . . . . . . . 63

**3 • L'art de résoudre les conflits de façon pacifique 67**

Exercice n° 28 : Petite révision . . . . . . . . . . . . . . . . . . . . . 68
Exercice n° 29 : Violent/pas violent. . . . . . . . . . . . . . . . . . . 69
Exercice n° 30 : Hérisson et Cie . . . . . . . . . . . . . . . . . . . . . 71
Exercice n° 31 : Conflits de chameaux . . . . . . . . . . . . . . . . 72
Exercice n° 32 : Ligne occupée . . . . . . . . . . . . . . . . . . . . . . 74
Exercice n° 33 : Phrase-puzzle . . . . . . . . . . . . . . . . . . . . . . 77
Exercice n° 34 : S'agit-il d'une simple observation ?. . . . . . 78
Exercice n° 35 : Ressenti ou interprétation ? . . . . . . . . . . . 79
Exercice n° 36 : Relier son ressenti à un besoin . . . . . . . . . 81
Exercice n° 37 : Identifiez vos besoins . . . . . . . . . . . . . . . . 82
Exercice n° 38 : Formuler une demande . . . . . . . . . . . . . . . 84
Exercice n° 39 : Les étapes de la communication non violente. . . . . . . . . . . . . . . . . . . . . . . . . . . . 86
Exercice n° 40 : Évaluation. . . . . . . . . . . . . . . . . . . . . . . . . 87
Exercice n° 41 : À vous de jouer ! . . . . . . . . . . . . . . . . . . . . 88

**4 • Drôle d'endroit pour une rencontre . . . . . . . . . . 91**

Exercice n° 42 : Positions de vie . . . . . . . . . . . . . . . . . . . . . 92
Exercice n° 43 : Double action . . . . . . . . . . . . . . . . . . . . . . 97
Exercice n° 44 : Empathiques . . . . . . . . . . . . . . . . . . . . . . . 99
Exercice n° 45 : Comment résoudre les différents types de conflits ? . . . . . . . . . . . . . . . . . . . . . . . . . . . .101
Exercice n° 46 : Êtes-vous prêt ? . . . . . . . . . . . . . . . . . . . . 103
Exercice n° 47 : Quelques définitions. . . . . . . . . . . . . . . . . 107
Exercice n° 48 : Que faire ?. . . . . . . . . . . . . . . . . . . . . . . . . 108

Exercice n° 49 : Auto-évaluation. . . . . . . . . . . . . . . . . . . . .113
Exercice n° 50 : Contrat d'évolution . . . . . . . . . . . . . . . . . .116

**Conclusion . . . . . . . . . . . . . . . . . . . . . . . . . . . . 119**

**Pour aller plus loin . . . . . . . . . . . . . . . . . . . . . . 121**

*« Le plus étonnant n'est pas l'incompréhension entre les individus, mais que, compte tenu des espaces infinis qui les séparent, ils parviennent parfois à se comprendre. »*

André Malraux

# Introduction

Qui que nous soyons, quel que soit notre milieu social ou professionnel, nous sommes tous, tous les jours, confrontés à des conflits de toute nature. Cela n'est pas en soi une surprise : le conflit, c'est la vie ! Une existence sans conflits n'a d'ailleurs pas de sens, puisque c'est à travers les conflits que se construisent les changements, les apprentissages, nos relations avec les autres.

Mais face au conflit, notre difficulté majeure vient du fait que les solutions que nous mettons en œuvre sont, la plupart du temps, plus lourdes de conséquences que le conflit lui-même. Voilà ce qui provoque de nombreuses violences relationnelles, physiques ou psychologiques dirigées contre nous-mêmes ou contre les autres. Pourquoi ? Essentiellement parce que nous réagissons au conflit comme le taureau dans l'arène : devant la muleta qui s'agite devant nous, nous nous laissons piloter par nos automatismes comportementaux et nos débordements émotionnels.

« L'erreur du taureau, c'est de croire au signal », disait Montherlant. Eh bien sachez qu'il nous arrive de réagir, nous aussi, à des signaux auxquels nous répondons de façon archaïque. Nous qui avons développé des capacités mentales qui nous ont permis de devenir l'espèce dominante, nous restons équipés d'un matériel cérébral hérité, pour partie, de la préhistoire de l'humanité. Et celui-ci se révèle insuffisant dans de nombreuses situations.

C'est ainsi que, face à un conflit, nous utilisons les réactions automatiques primitives de notre cerveau reptilien parce qu'elles présentent l'avantage d'être rassurantes, économiques, rapides et standardisées. Mais il y a un revers à cette médaille : ces façons de traiter le désaccord ne font souvent qu'envenimer les choses. Les autres sont alors perçus comme des dangers potentiels, des ennemis qui nous menacent ; la relation avec eux se dégrade et la violence s'installe.

Mais nous ne sommes plus au temps des tyrannosaures et ce mécanisme n'est pas une fatalité. C'est ce que ce livre va s'attacher à vous enseigner.

Comment surviennent les conflits ? Pouvons-nous déjouer nos réactions primitives ? Que faire de nos émotions et de notre stress face aux crises relationnelles ? De quelle manière gérer nos conflits avec les autres dans un climat de paix ? Comment s'efforcer d'entretenir avec eux des relations fondées sur la confiance et la coopération, plutôt que sur la méfiance et la compétition ? Tous les conflits sont-ils résolubles ?

Les exercices de ce livre[1] vont vous permettre de répondre à ces questions et de faire le point sur votre propre positionnement par rapport aux antagonismes. Enfin, par la voie de la non-violence, ils vous apprendront à gérer vos conflits de façon plus constructive et vous permettront de développer une véritable culture du conflit !

---

1. Certains exercices sont tirés de mon ouvrage *Sortir des conflits avec les autres*, voir Bibliographie.

# 1

# Les conflits, une source de richesses ?

Cette première série d'exercices est destinée à vous faire acquérir des connaissances sur les différents types de conflits que l'on peut rencontrer et sur leurs sources potentielles. Pourquoi entrons-nous en conflit ? Quels sont les facteurs qui influent sur l'apparition des antagonismes ? Les conflits sont-ils toujours inévitables ?
Ce chapitre va également vous permettre de faire le point sur votre vision personnelle du conflit.

# Exercice n° 1 • Pour moi, le conflit...

Comment percevez-vous le conflit ? Cet exercice va vous permettre de savoir si vous en avez une vision plutôt positive ou pas.

*Dans le cadre ci-dessous, surlignez les sept mots qui évoquent le plus pour vous le conflit.*

**Le conflit, c'est...**

affrontement violence *chance croissance* choc
hostilité *opportunité progrès vie* perte de contrôle
*développement* heurt *négociation face à face*
souffrance dispute *solution* opposition *richesse* crise
*équilibre changement* problème cris rupture
*reconnaissance autonomie résolution* danger *mise au point* deuil clash agression *expression apprentissage*
difficulté *énergie santé* malaise *force* peur *action*

## Commentaire

### Faites vos comptes

*Parmi les termes que vous avez surlignés...*

*Faites le total des mots en caractères droits :*

*Faites le total des mots en caractères italiques :*

### Vous avez obtenu davantage de mots en écriture droite…

*Comme la grande majorité des gens, vous avez une vision négative du conflit. Face au conflit, vous vous sentez désemparé et vous évitez la confrontation. Ou bien vous réagissez, vous imputez la responsabilité du conflit à votre opposant et vous entrez dans une spirale interminable et stérile qui vous conduit tout droit à la violence. Ce livre devrait notamment vous permettre d'adopter un regard plus positif sur le conflit.*

### Vous avez obtenu davantage de mots en italique…

*Vous avez une vision du conflit qui n'est pas celle du commun des mortels, en tout cas dans nos sociétés occidentales où le conflit est souvent vécu comme négatif et symptomatique d'un échec relationnel. Pour vous, le conflit symbolise en même temps un risque et une opportunité. Et vous pensez qu'il peut aussi être source de richesse.*

## Exercice n°2 • Recettes

Résoudre un conflit saurait-il se comparer à préparer de bons petits plats ? Existe-t-il des recettes miracle qui vous feront passer pour un cordon-bleu de la diplomatie ?

*Cochez les cases correspondant, selon vous, aux meilleures recettes pour régler un conflit.*

- ☐ Parvenir à trouver des responsabilités : il y a toujours une personne à l'origine du conflit et une autre qui en est victime.
- ☐ Taper du poing sur la table pour se faire entendre et faire valoir ses droits.
- ☐ Faire monter la pression à son maximum pour crever l'abcès.

- ☐ Tout mettre en œuvre pour faire comprendre à l'autre qu'il a tort et que vous ne lâcherez pas le morceau.
- ☐ Apprendre à mieux communiquer : la communication vient à bout de tout !
- ☐ Rechercher les causes du conflit et agir à ce niveau.
- ☐ Faire comme si le conflit n'existait pas : il se résorbe généralement de lui-même.
- ☐ Baisser les bras : il y a des choses plus importantes dans la vie.

## Commentaire

*Combien de cases avez-vous coché ? Une ? deux ? davantage ? Face au conflit, il me semble que vous avez tendance à chercher des solutions toutes faites, comme dans un problème de mathématiques ! Vous aimeriez que l'on vous dise par le menu comment faire pour en sortir. Je comprends votre recherche, mais je crois que vous allez devoir corriger votre vision des choses. Pourquoi ? Parce que chaque conflit est spécifique, parce que chaque conflit s'inscrit dans un temps, dans un lieu, dans une situation sociale, avec des personnes en présence dont on ne peut jamais totalement anticiper les attitudes et les comportements. C'est ce qui fait la richesse et la complexité du conflit. Il n'y a pas de recette : le conflit est vivant !*

# Exercice n°3 • Avez-vous peur des conflits ?

*Remémorez-vous un conflit récent dans lequel vous étiez personnellement engagé et qui a provoqué chez vous un sentiment d'inquiétude ou de peur. Cochez les cases correspondant aux facteurs qui, selon vous, ont provoqué cette peur (plusieurs choix possibles).*

- ☐ Vous avez eu peur que le conflit s'envenime, qu'il devienne violent.
- ☐ Vous avez dramatisé les choses, vous vous êtes senti proche de la catastrophe.
- ☐ Vous avez eu peur de montrer votre faiblesse : si l'on est en conflit, c'est parce qu'on n'est pas capable de s'entendre avec les autres.
- ☐ Vous n'aimez pas afficher vos divergences : vous rêvez d'un monde où tous les gens seraient toujours d'accord.
- ☐ Vous avez éprouvé de la culpabilité.
- ☐ Vous avez eu peur d'être critiqué par votre entourage ou que l'on ait une mauvaise image de vous.
- ☐ Vous avez craint les retombées, les changements qui peuvent survenir après le conflit.
- ☐ Vous avez eu peur de rompre la relation, d'être abandonné.
- ☐ Un autre motif : _________________________________

## Commentaire

*Si vous avez coché au moins trois cases, il est probable que vous avez réellement peur des conflits. Tout au moins éprouvez-vous un sentiment de malaise et cherchez-vous à les éviter. Mais rassurez-vous : il n'y a rien de très surprenant dans votre attitude. Nous vivons dans une société qui véhicule une image systématiquement négative des antagonismes. Le conflit, c'est le mal en puissance ; il est dangereux et traduit une mauvaise entente entre les personnes. Il n'est donc pas étonnant que nous en ayons peur.*

*Mais savez-vous qu'en chinois, le mot « conflit » se traduit par un double idéogramme qui signifie à la fois « danger » et « opportunité ». Si l'on peut craindre un danger, doit-on pour autant refuser de saisir une chance qui se présente ?*

## À méditer

*« Ce ne sont pas les choses qui perturbent les êtres humains, mais l'opinion qu'ils en ont. »*

Épictète

# Exercice n° 4 • Je gère !

*Que vous inspire ce dessin ? Notez votre réponse et, le cas échéant, vos expériences ou commentaires.*

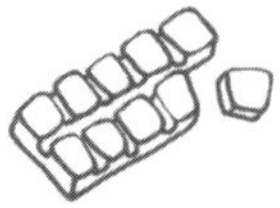

## Commentaire

*Dans un conflit, vouloir avoir raison à tout prix, c'est souvent avoir raison… de l'autre ; vaincre sa résistance, nier ce qu'il ressent, ne pas entendre ses besoins, rester sourd à ses demandes. C'est-à-dire, au fond, ne pas lui reconnaître le droit à l'altérité, à la différence. Gérer le conflit en ayant une vision unilatérale de la relation, en campant sur ses positions, entraîne immanquablement une faillite relationnelle et de la violence.*

# Exercice n° 5 • Retrouvez les définitions

Voici cinq mots qui vont nous permettre de caractériser les cinq principaux types de conflit. Saurez-vous les associer aux définitions[2] correspondantes ?

*Retrouvez les bonnes combinaisons…*

| | |
|---|---|
| **1.** VALEUR | **A.** Configuration psychologique qui différencie une personne de toutes les autres. |
| **2.** BESOIN | **B.** Recherche d'un avantage personnel. |
| **3.** PERSONNALITÉ | **C.** Conduite de quelqu'un qui joue un personnage, exerce une influence ou remplit une fonction dans une situation sociale précise. |
| **4.** INTÉRÊT | **D.** Ce qui est vrai, beau, bien, selon des critères ou un jugement personnel. |
| **5.** RÔLE | **E.** Exigence née de la nature ou de la vie en société. |

2. Adaptées du *Nouveau Petit Robert*, édition 1996.

## Commentaire

*Il fallait répondre : 1D ; 2E ; 3A ; 4B ; 5C.*

*Il existe en effet cinq principaux types de conflits : les conflits de valeur, les conflits de besoin, les conflits de personnalité, les conflits d'intérêt et les conflits de rôle.*

*Les conflits de valeur reposent sur des oppositions entre des croyances, des principes, des conceptions ou des jugements qui divergent. Ils sont assez difficiles à résoudre.*

*Les conflits de besoin émergent de la confrontation d'éléments nécessaires à l'existence qui sont apparemment inconciliables.*

*Lorsque deux personnes ont du mal à se supporter sans réelle cause de désaccord, on a affaire à un conflit de personnalité.*

*Les conflits d'intérêt apparaissent lorsque des individus recherchent un même avantage personnel sans parvenir à une entente.*

*En fonction du contexte dans lequel nous nous trouvons et des personnes avec lesquelles nous sommes en relation, nous adoptons des conduites ou des façons d'être qui sont très variables. Il y a conflit de rôle lorsque les attentes des uns ne sont pas en phase avec les comportements et les attitudes des autres.*

# Exercice n° 6 • À quel type de conflit avons-nous affaire ?

Voici différentes situations conflictuelles brièvement décrites. Saurez-vous retrouver s'il s'agit d'un conflit de valeur, de besoin, de personnalité, d'intérêt ou de rôle ?

*Notez pour chaque situation de quel type de conflit vous pensez qu'il s'agit.*

**1.** Vous êtes excédé. Tous les soirs, votre voisin du dessus vous empêche de dormir à cause du remue-ménage qu'il fait dans son appartement.

Il s'agit d'un conflit de _ _ _ _ _ _ _ _ _ _ _ _ _ _ _ _ _ _ _ _ _ _ _ _ _ _ _ _ _ _ _ _

**2.** Vous êtes en bisbille avec votre conjoint parce que vous avez oublié votre anniversaire de mariage. Pour vous cela n'a guère de sens, mais pour lui, si !

Il s'agit d'un conflit de ________________________________

**3.** Entre le nouveau DRH et vous, le courant ne passe pas. Dès son arrivée, vous avez pressenti que vos relations seraient conflictuelles.

Il s'agit d'un conflit de ________________________________

**4.** Votre voisin a déplacé les bornes qui délimitent son terrain en récupérant au passage quelques mètres carrés sur votre propriété. Vous êtes furieux.

Il s'agit d'un conflit de ________________________________

**5.** Votre chef vous demande d'assurer la mission d'un de vos collègues absents, en plus de votre travail. Cela n'est pas de votre ressort. Vous vous disputez avec lui.

Il s'agit d'un conflit__________________________________

## Commentaire

*1 : conflit de besoin ; 2 : conflit de valeur ; 3 : conflit de personnalité ; 4 : conflit d'intérêt ; 5 : conflit de rôle.*

*Il faut savoir qu'il existe très souvent des glissements, des interdépendances ou des effets de masque d'un modèle à l'autre. Le conflit apparent n'est pas toujours le conflit réel. Un conflit de valeur peut par exemple dissimuler un conflit de besoin, ou se transformer en conflit de rôle. Quoi qu'il en soit, je pense pour ma part que tous les conflits sont fondamentalement des conflits de besoin.*

# Exercice n°7 • D'où vient le problème ?

Vous avez été récemment confronté à un conflit. Exposez-le en 10 mots maximum. Ensuite, caractérisez ce conflit en cochant le(s) item(s)

**1.** Mon conflit en 10 mots :

_ _ _ _ _ _ _ _ _ _ _ _ _ _ _ _ _ _ _ _ _ _ _ _ _ _ _ _ _ _ _ _ _ _ _ _

_ _ _ _ _ _ _ _ _ _ _ _ _ _ _ _ _ _ _ _ _ _ _ _ _ _ _ _ _ _ _ _ _ _ _ _

_ _ _ _ _ _ _ _ _ _ _ _ _ _ _ _ _ _ _ _ _ _ _ _ _ _ _ _ _ _ _ _ _ _ _ _

**2.** Selon moi, il s'agit d'un conflit...

☐ De valeur.

☐ De besoin.

☐ De personnalité.

☐ D'intérêt.

☐ De rôle.

**3.** Le conflit apparent était-il le conflit réel ? Je pense que...

☐ OUI ☐ NON

**4.** En cas de réponse négative...

À mon avis, le désaccord repose en réalité sur le problème suivant :

_ _ _ _ _ _ _ _ _ _ _ _ _ _ _ _ _ _ _ _ _ _ _ _ _ _ _ _ _ _ _ _ _ _ _ _

_ _ _ _ _ _ _ _ _ _ _ _ _ _ _ _ _ _ _ _ _ _ _ _ _ _ _ _ _ _ _ _ _ _ _ _

_ _ _ _ _ _ _ _ _ _ _ _ _ _ _ _ _ _ _ _ _ _ _ _ _ _ _ _ _ _ _ _ _ _ _ _

Il s'agit donc plutôt d'un conflit de _ _ _ _ _ _ _ _ _ _ _ _ _ _ (reprenez l'un des termes du point 2).

## Commentaire

*Vous avez su répondre aux questions de cet exercice ? C'est parfait. Vous êtes donc maintenant en mesure d'analyser et de caractériser un conflit qui vous concerne directement. Il est important de parvenir à faire ce travail de mise à distance pour pouvoir ensuite s'engager dans une voie qui permette l'analyse et rompe avec vos fonctionnements habituels. Vous pourriez suivre ce petit conseil en forme de lapalissade : si ce que vous faites habituellement pour résoudre les conflits ne vous satisfait pas, faites autrement !*

# Exercice n° 8 • L'âne de Buridan

Connaissez-vous la légende de l'âne de Buridan ? Prostré devant deux seaux placés à égale distance, l'un rempli d'eau, l'autre d'avoine, et ne sachant lequel choisir en premier, l'animal serait mort de faim et de soif.

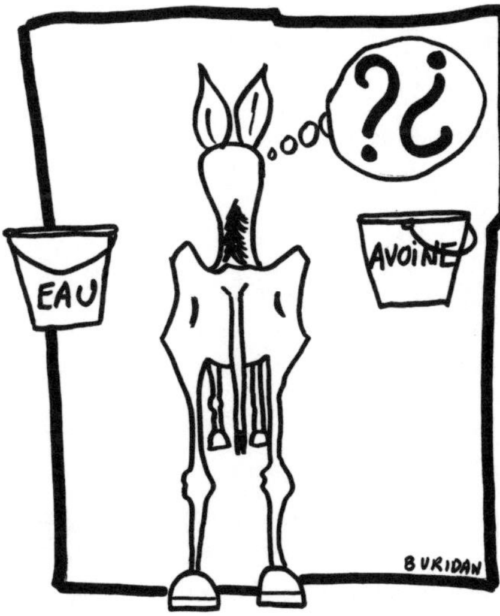

*Répondez aux questions suivantes.*

**1.** Vous est-il arrivé de connaître le syndrome de l'âne de Buridan ? Pouvez-vous indiquer dans quelle situation ?

---

**2.** Qu'avez-vous ressenti ?

---

**3.** Avez-vous finalement opéré un choix ?

---

## Commentaire

*La parabole de l'âne de Buridan est une représentation typique de ce que nous appelons « conflit intérieur » (ou encore « conflit intrapersonnel »). Ce sont des conflits qui font violence, certes, mais cette violence est orientée contre nous-mêmes. Nous rencontrons ce genre de conflit lorsque nous hésitons entre deux options, entre deux choix possibles ; puis ensuite, lorsque nous regrettons le choix que nous avons fait. Par exemple, nous hésitons entre des vacances à la mer ou des vacances à la montagne. Nous finissons par choisir la montagne. Mais nous avons tellement attendu pour prendre notre décision que toutes les locations intéressantes ont été réservées et nous sommes obligés d'accepter un hébergement de moindre qualité au prix fort. Une fois sur place, nous regrettons d'autant notre choix que le temps est déplorable et notre conflit intérieur se trouve ainsi réactivé. Il y a des personnes pour qui le conflit intérieur est un état quasi permanent.*

*Nous vivons également un conflit intérieur lorsque nous sommes contraints d'agir contre nos valeurs ou lorsque nous sommes obligés de remettre en cause une croyance ou une représentation que nous nous faisions de la réalité.*

## Exercice n° 9 • Conflits intérieurs

*Lisez les exemples suivants et sélectionnez ce qui, à votre avis, est à l'origine du conflit intérieur.*

Pour chacun des cas suivants, s'agit-il :

**A.** D'une négation des besoins de la personne ?

**B.** Du dilemme de l'âne ?

**C.** D'un décalage entre une représentation de la réalité et la réalité elle-même ?

**D.** D'un paradoxe entre des valeurs et des actes ?

1. Muriel est cadre dans une société de maintenance informatique. Son directeur général lui propose une promotion avec d'importants avan-

tages à la clé. Mais la médaille a son revers : elle doit quitter le Sud-Est, où elle réside avec sa famille, pour rejoindre la capitale. Muriel est tenaillée entre le désir de s'accomplir dans un travail passionnant et la volonté de préserver une bonne qualité de vie pour les siens.

Votre réponse : _ _ _ _ _ _ _ _ _

2. Marc doit annoncer une série de licenciements secs. Étant donné ses responsabilités dans l'entreprise, cette tâche pénible lui incombe. Il pense que d'autres solutions moins brutales auraient pu être envisagées, mais il ne lui appartient pas de décider de la politique qui doit être menée dans ce domaine.

Votre réponse : _ _ _ _ _ _ _ _ _

3. Antoine est passionné de pêche en mer. Chaque été, il loue un bateau sur lequel il entraîne, dès l'aube, sa femme Catherine. Catherine a une peur bleue de l'eau et se montre fréquemment sujette au mal de mer. Mais son mari a besoin d'un équipier : elle ne veut pas le décevoir. De fait, tous les matins, elle embarque malgré une sérieuse lombalgie. Catherine a pourtant remarqué qu'en dehors de ces périodes de vacances, elle n'avait jamais mal au dos.

Votre réponse : _ _ _ _ _ _ _ _ _

4. Mylène, jeune professeur de lettres, explique : « Pour moi, enseigner était une vocation. J'étais attachée aux valeurs républicaines de l'école : le savoir, la culture, l'égalité des chances. Sur le terrain, j'ai vite perdu mes illusions. Je pense que je vais laisser tomber ce métier. »

Votre réponse : _ _ _ _ _ _ _ _ _

## Commentaire

*Réponses :* ***1B ; 2D ; 3A ; 4C.***

***Dans l'exemple 1****, la situation vécue par Muriel est un dilemme dans la mesure où elle doit, comme l'âne de Buridan, opérer un choix entre deux types de motivations qui sont orientées différemment.*

***Dans l'exemple 2****, Marc est soumis à une situation paradoxale : il est contraint par son statut d'agir dans une voie qui ne correspond pas à ses valeurs personnelles.*

***Dans l'exemple 3****, Catherine nie ses besoins personnels pour satisfaire les besoins d'Antoine. Qu'elle souffre de douleurs dorsales n'a sans doute rien d'anodin : le corps exprime souvent ce que nous nous refusons à dire.*

***Dans l'exemple 4****, le conflit intrapersonnel vécu par Mylène procède du décalage qui apparaît entre l'idée qu'elle se fait de la réalité et l'expérience qu'elle en a.*

## À noter

*Le conflit intérieur peut très rapidement évoluer vers des formes de conflit plus ouvertes, le sentiment de frustration vécu à titre individuel par la personne s'exprimant cette fois à travers sa relation avec d'autres personnes de son entourage. Il est même probable que la majorité des conflits interpersonnels découlent d'un conflit intérieur.*

## Exercice n° 10 • Quiz

*Lisez les affirmations suivantes et cochez les réponses qui vous paraissent appropriées.*

| Affirmations | D'accord | Pas d'accord | Réservé |
|---|---|---|---|
| **1.** On peut être en désaccord sur des idées sans pour autant entrer en conflit. | | | |
| **2.** Le conflit en soi n'a rien de mauvais, c'est la façon de le traiter qui peut l'être. | | | |
| **3.** Le conflit traduit une faillite relationnelle. | | | |
| **4.** Quand on a trouvé une solution au conflit, il ne peut plus réapparaître. | | | |

| Affirmations | D'accord | Pas d'accord | Réservé |
|---|---|---|---|
| **5.** Le conflit est chargé d'émotions. | | | |
| **6.** Le conflit est fait d'agressivité et de violence. | | | |
| **7.** Tous les conflits sont des problèmes de communication | | | |
| **8.** Le conflit fait apparaître les différences. | | | |
| **9.** Dans les conflits, il y a forcément une victime et une personne de mauvaise foi. | | | |
| **10.** Le conflit intérieur ne touche que les personnes fragiles psychologiquement. | | | |

## Commentaire

*Voici mes réponses aux affirmations proposées :*

- *Je suis d'accord avec les affirmations* ***1, 2, 5 et 8****.*
- *Je ne suis pas d'accord avec les affirmations* ***3, 4, 7, 9 et 10****.*
- *Je suis réservé pour l'affirmation* ***6****.*

*Tous nos échanges avec les autres, les choix et les décisions que nous devons prendre en commun, sont par nature sources de conflit. Le conflit n'a rien de mauvais en soi. Sa vertu principale est de faire apparaître nos différences. Mais si nous vivons ces différences en termes d'opposition, alors nous entrons en conflit. Nos émotions agissent comme des signaux pour nous-mêmes et pour les autres. En situation difficile, elles nous permettent d'orienter nos actions et nos attitudes. Par conséquent, le conflit ne signe pas l'échec de la relation. Il en est même un élément constitutif. Et il n'est pas systématiquement synonyme d'agressivité et de violence.*

*Quant au conflit intérieur, tout individu, quels que soient son caractère et sa force psychologique, peut y être confronté. Ce sont les réponses apportées qui peuvent différer et être plus ou moins adaptées en fonction des individus.*

## Exercice n° 11 • Conflits stériles et conflits créateurs

Il existe deux types de conflit : ceux qui sont totalement inutiles et ceux qui permettent d'amorcer un changement. Quelles sont, à votre avis, les caractéristiques essentielles des uns et des autres ?

*Notez vos réponses dans le tableau ci-dessous.*

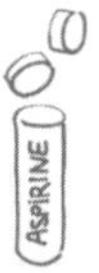


| Les conflits stériles... | Les conflits créateurs... |
| --- | --- |
| | |

## Pistes de réponses

| Les conflits stériles... | Les conflits créateurs... |
|---|---|
| Perturbent ou détruisent la relation. | Permettent la construction de relations plus justes. |
| Figent les gens dans leurs attitudes réactives. | Amènent une évolution personnelle. |
| Font exploser les cadres formels. | Permettent de définir, d'affirmer ou de réaffirmer un cadre, une loi, des règles. |
| Occasionnent des pertes de temps et d'énergie de part et d'autre. | Nous conduisent à coopérer, à rechercher ensemble des solutions. |
| Faussent la communication. | Enrichissent la communication. |
| Conduisent au non-respect des individus et à la violence. | Permettent d'instaurer de la distance. |
| Donnent un sentiment d'impuissance ou de pouvoir sur les autres. | Donnent un sentiment de force et d'autorité aux personnes engagées. |

# Exercice n° 12 • Repas dominical

*Lisez le cas suivant et conduisez votre propre analyse du conflit en complétant le tableau qui suit.*

C'est un rituel : chaque premier dimanche du mois, M. et Mme Petit reçoivent leurs enfants pour le déjeuner. Ce jour-là, au cours du repas, Norbert, leur fils aîné, entame une discussion sur l'actualité politique avec Paul, le mari de sa sœur cadette. Depuis qu'ils se connaissent, les deux hommes ne se sont jamais appréciés et ils ne partagent pas les mêmes convictions politiques. Très vite, la discussion dégénère et les insultes pleuvent, au grand dam des parents qui précipitent fromages et dessert avec une rapidité déconcertante. Les autres membres de la famille essaient de calmer le jeu. Sans succès. Paul quitte la table en décrétant qu'à l'avenir, il ne participera à aucun repas de famille si Norbert devait également y être convié.

| Les questions | Vos réponses |
| --- | --- |
| Quelles sont les personnes en conflit ? | Norbert<br>Paul |
| Dans quelle situation le désaccord intervient-il ? | Au cours d'un repas |
| Quelles sont les causes apparentes du conflit ? | ne s'apprécie pas<br>n'ont pas les mêmes<br>convictions politiques |
| Le conflit apparent cache-t-il autre chose ? | Oui |
| En quoi le conflit entre ces deux personnes affecte-t-il les autres membres de la famille ? | Ces personnes sont tenues par des liens familiaux |
| Quels sont les effets positifs et négatifs produits par l'antagonisme ? | |
| Comment pensez-vous que ce conflit évoluera ? | |

## Pistes de réponses

| Les questions | Mes réponses |
|---|---|
| Quelles sont les personnes en conflit ? | Norbert et Paul. |
| Dans quelle situation le désaccord intervient-il ? | Au cours d'un paisible repas de famille qui ne devrait *a priori* pas susciter de querelle. |
| Quelles sont les causes apparentes du conflit ? | Un désaccord sur des valeurs. |
| Le conflit apparent cache-t-il autre chose ? | Oui, très certainement une relation perturbée de longue date, pour des motifs qui ne sont probablement pas seulement politiques. |
| En quoi le conflit entre ces deux personnes affecte-t-il les autres membres de la famille ? | Les autres membres de la famille sont indirectement et contre leur gré impliqués dans la dispute. Ce conflit leur fait évidemment violence. |
| Quels sont les effets positifs et négatifs produits par l'antagonisme ? | Effets positifs : les choses sont dites, il n'y a pas d'hypocrisie ou de comédie. Il va falloir vivre avec cette opposition.<br>Effets négatifs : dégradation du climat relationnel de cette famille, risque de voir apparaître des clans, rupture possible des liens familiaux. |
| Comment pensez-vous que ce conflit évoluera ? | Si les deux hommes parviennent à maîtriser leur violence et à adopter une approche constructive du conflit, dans le respect et sans y mêler les autres membres de la famille, tout devrait rentrer dans l'ordre.<br>S'ils campent sur leurs positions respectives, multiplient les incivilités et poursuivent *ad libitum* la logique du « lui ou moi » en essayant de rallier à leur cause d'autres membres de la famille, le conflit va provoquer de graves difficultés relationnelles et sans doute des ruptures. Cette dernière option est malheureusement une issue fréquente dans de nombreux foyers. |

# 2

# La dynamique conflictuelle

Être en conflit, c'est un peu comme avoir de la fièvre. La fièvre est un symptôme, elle m'indique que quelque chose ne va pas, que je suis victime, par exemple, d'un virus. Elle est en même temps un début de solution : en élevant la température de mon corps, elle contribue à l'élimination du virus. Dans le même ordre d'idées, tout conflit possède à la fois un sens (il veut dire quelque chose) et une fonction (il constitue déjà, par le simple fait d'apparaître, un début d'action).

Maintenant que le conflit est là, nous allons devoir faire preuve de coopération et d'inventivité pour trouver d'autres modalités de fonctionnement entre nous. Mais avant cela, nous devons comprendre la dynamique conflictuelle. Pourquoi affrontons-nous les personnes que nous côtoyons de près ou de loin ? Quels sont les cycles de développement du conflit ? Comment les oppositions s'expriment-elles avant l'apparition du conflit ouvert ?

# Exercice n°13 • Tensions internes

Dans les trois cases suivantes, où placez-vous les mots : colère, conflit, frustrations ?

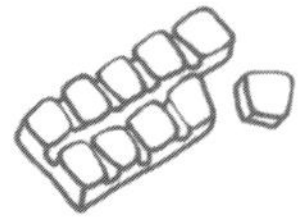

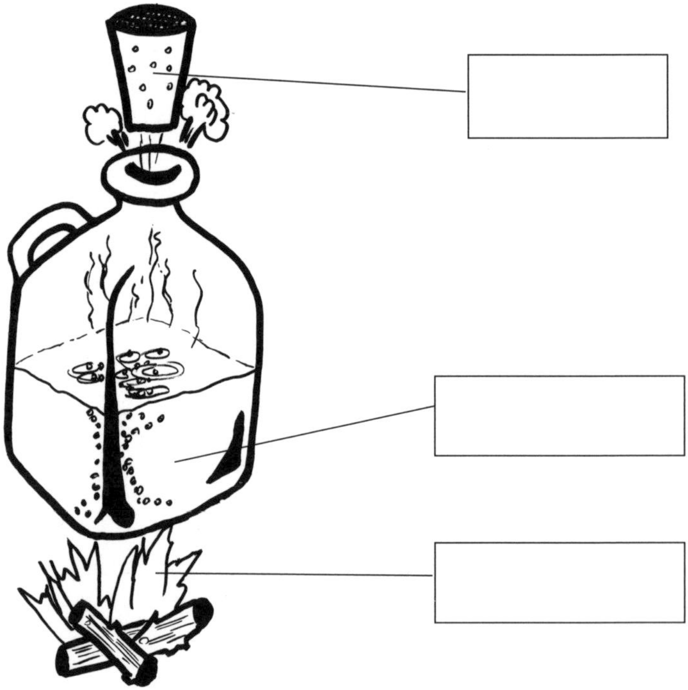

## Commentaire

*Le feu (frustrations) fait monter la pression dans la bouteille (colère) et le bouchon saute (conflit).*

*Les frustrations, ce sont tous les facteurs humains ou situationnels qui nous privent de la satisfaction de nos besoins, de nos attentes, de nos désirs. Nous sommes frustrés lorsque nous attendons, par exemple, une gratification de notre conjoint et que celui-ci ne tient pas compte de notre besoin, que ce soit de façon délibérée ou non. La frustration peut également avoir des causes internes : j'ai commis une erreur et je m'en veux, je ne suis pas satisfait de moi.*

*L'accumulation des frustrations et des heurts produit une tension et un état émotionnel. C'est souvent la colère qui est au rendez-vous. Mais elle peut aussi provoquer la tristesse, la peur, le rejet, le dégoût, la rancune... La colère a pour principal avantage son inconvénient majeur : elle est une énergie qui propulse le conflit comme un bouchon. Mais elle est aussi une force de destruction qui peut engendrer de terribles violences : ce que l'on fait ou dit sous l'emprise de la colère peut causer d'importants préjudices relationnels. Par ailleurs, la colère peut s'installer durablement et amener les gens à ruminer, à éprouver de la rancune, à devenir irritables et à se méfier des autres. La colère est donc une émotion complexe, une chance et un danger, qui peut permettre un changement ou entraîner une exacerbation du conflit avec toujours plus de violence.*

### Quels enseignements tirer de cette analogie ?

- *Vos frustrations et vos émotions vous appartiennent. Par conséquent, vous êtes toujours en partie responsable du conflit. L'autre n'est pas dépositaire de ce que vous ressentez.*
- *Si vous niez le conflit en maintenant le bouchon de la bouteille fermement enfoncé, cette dernière finira par vous exploser à la figure.*
- *Si vous parvenez à comprendre et à contrôler la puissance de vos frustrations, vous ferez baisser la pression émotionnelle.*
- *Si vous apprenez à tirer parti de vos états émotionnels en vous efforçant de mieux les connaître, en les exprimant, en libérant régulièrement la tension interne, vous éviterez les clashes et serez plus à l'aise face au conflit.*

# Exercice n° 14 • Les nerfs

*Que vous inspire le dessin suivant ?*

Inscrivez vos remarques ici. Notez le cas échéant vos expériences personnelles qui relèveraient du même processus d'échange.

_ _ _ _ _ _ _ _ _ _ _ _ _ _ _ _ _ _ _ _ _ _ _ _ _ _ _ _ _ _ _ _ _ _ _ _ _ _

_ _ _ _ _ _ _ _ _ _ _ _ _ _ _ _ _ _ _ _ _ _ _ _ _ _ _ _ _ _ _ _ _ _ _ _ _ _

_ _ _ _ _ _ _ _ _ _ _ _ _ _ _ _ _ _ _ _ _ _ _ _ _ _ _ _ _ _ _ _ _ _ _ _ _ _

_ _ _ _ _ _ _ _ _ _ _ _ _ _ _ _ _ _ _ _ _ _ _ _ _ _ _ _ _ _ _ _ _ _ _ _ _ _

## Pistes de réponses

*Quel comportement induit quel autre comportement en réponse ? Qui a commencé ? Qui a un peu plus tort que l'autre ? Qui a légèrement moins raison ? Graves questions pour lesquelles nous dépensons une énergie phénoménale sans jamais trouver d'autre explication que celle-ci : l'autre est responsable de notre réaction, par conséquent il ne peut s'en prendre qu'à lui si nous entrons en conflit avec lui. S'il n'avait pas agi de la sorte, il n'aurait pas provoqué notre colère ou notre agressivité. C'est donc lui le responsable !*

*Le problème, c'est que la personne avec qui nous sommes en conflit produit exactement la même analyse, mais cette fois-ci en nous tenant responsable du conflit.*

*Ce mode de fonctionnement circulaire, où chacun accuse l'autre d'être la cause de ses déboires, est de nature violente parce qu'il conduit les protagonistes à persister, droits dans leurs bottes, dans leur erreur d'attribution. On ne sort pas d'un conflit en campant sur ses positions.*

### En finir avec la faute de l'autre

*Pour résoudre un conflit, nous devons sortir du modèle exclusif du « lui* **ou** *moi » pour aller vers le modèle du « lui* **et** *moi ». C'est la seule issue pacifique dont nous disposons.*

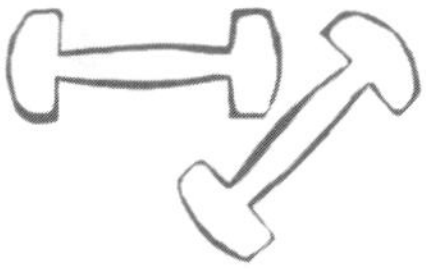

# Exercice n° 15 • Vos réactions privilégiées

*Remplissez le tableau suivant en fonction de vos attitudes et de vos comportements personnels.*

| Affirmations | Cela vous correspond bien | Cela ne vous correspond pas |
|---|---|---|
| **1.** Je dis souvent oui, pour faire plaisir. | | |
| **2.** Je suis attaché à mes valeurs, mais je respecte celles des autres. | | |
| **3.** Je coupe souvent la parole à mes interlocuteurs. | | |
| **4.** J'aime être apprécié des autres. | | |
| **5.** Je n'ai pas pour habitude de me laisser faire. | | |
| **6.** On me dit plutôt débrouillard. | | |
| **7.** En général, les autres me respectent. | | |
| **8.** À mon avis, la ruse permet d'éviter le conflit. | | |
| **9.** Pour moi, c'est œil pour œil, dent pour dent. | | |
| **10.** J'ai du mal à choisir. | | |
| **11.** Je pense avoir de bonnes qualités d'écoute. | | |
| **12.** Je remets souvent au lendemain ce que je pourrais faire aujourd'hui. | | |
| **13.** J'utilise fréquemment la séduction pour obtenir ce que je souhaite. | | |

| Affirmations | Cela vous correspond bien | Cela ne vous correspond pas |
|---|---|---|
| **14.** Je pense que la confrontation permet de mieux comprendre ce que l'autre désire. | | |
| **15.** Quand quelqu'un m'a trahi, un jour ou l'autre je prends ma revanche. | | |
| **16.** J'ai les dents longues et je suis prêt à tout pour réussir. | | |
| **17.** L'humour et l'ironie sont pour moi des outils efficaces. | | |
| **18.** Je joue franc-jeu. | | |
| **19.** J'ai souvent peur de déranger les autres. | | |
| **20.** On me dit autoritaire. | | |
| **21.** J'évite de poser des questions. | | |
| **22.** Je ne livre pas facilement mes sentiments. | | |
| **23.** Je laisse les autres s'exprimer avant de dire ce que je pense. | | |
| **24.** Je me rallie généralement à l'avis du plus grand nombre. | | |
| **25.** J'évite le conflit parce que c'est violent. | | |
| **26.** Pour moi, le conflit est une forme d'évolution. | | |
| **27.** Je ne me laisse pas facilement intimider. | | |
| **28.** Je joue souvent sur le registre de l'affectif. | | |
| **29.** Au besoin, je tape du poing sur la table. | | |
| **30.** Je n'autorise pas les autres à m'attaquer personnellement. | | |

| Affirmations | Cela vous correspond bien | Cela ne vous correspond pas |
|---|---|---|
| **31.** On dit souvent de moi que je suis un beau parleur. | | |
| **32.** Je n'ai pas de grandes qualités d'écoute. | | |
| **33.** J'essaie d'établir des rapports de confiance avec les autres. | | |
| **34.** En cas de conflit, je n'agis pas car j'ai peur d'envenimer les choses. | | |
| **35.** Il m'arrive de mentir pour tromper l'autre. | | |
| **36.** Je me fais souvent avoir par les autres. | | |
| **37.** Je n'ai pas de complexe. | | |
| **38.** Je noie l'essentiel dans l'accessoire pour faire passer mes idées. | | |
| **39.** Les autres ont souvent peur de moi. | | |
| **40.** Je sais écouter vraiment. | | |

## Analyse et commentaire

### Faites vos comptes…

*Comptez 1 point pour chaque réponse « Cela vous correspond bien » et reportez vos points dans le tableau ci-dessous. Ne tenez pas compte des réponses « Cela ne vous correspond pas ».*

| Courage, fuyons ! | | À l'attaque ! | | Ruses et artifices ! | | Cartes sur table ! | |
|---|---|---|---|---|---|---|---|
| Question 1 | | Question 3 | | Question 6 | | Question 2 | |
| Question 4 | | Question 5 | | Question 8 | | Question 7 | |

| | | | | | | | |
|---|---|---|---|---|---|---|---|
| Question 10 | | Question 9 | | Question 13 | | Question 11 | |
| Question 12 | | Question 15 | | Question 17 | | Question 14 | |
| Question 19 | | Question 16 | | Question 22 | | Question 18 | |
| Question 21 | | Question 20 | | Question 23 | | Question 26 | |
| Question 24 | | Question 27 | | Question 28 | | Question 30 | |
| Question 25 | | Question 29 | | Question 31 | | Question 33 | |
| Question 34 | | Question 32 | | Question 35 | | Question 37 | |
| Question 36 | | Question 39 | | Question 38 | | Question 40 | |
| **Total :** | | **Total :** | | **Total :** | | **Total :** | |

*Reportez maintenant vos points en coloriant les colonnes de niveau dans ce graphique. (Par exemple, si vous avez obtenu 3 points dans la colonne « Courage, fuyons ! », coloriez les cases 1, 2 et 3.)*

| | | | |
|---|---|---|---|
| 10 | 10 | 10 | 10 |
| 9 | 9 | 9 | 9 |
| 8 | 8 | 8 | 8 |
| 7 | 7 | 7 | 7 |
| 6 | 6 | 6 | 6 |
| 5 | 5 | 5 | 5 |
| 4 | 4 | 4 | 4 |
| 3 | 3 | 3 | 3 |
| 2 | 2 | 2 | 2 |
| 1 | 1 | 1 | 1 |
| **Courage, fuyons !** | **À l'attaque !** | **Ruses et artifices !** | **Cartes sur table !** |

*Ce test vous a certainement permis de faire apparaître une ou deux dominantes dans vos réponses.*

### Vous avez une dominante dans la colonne « Courage, fuyons ! »

*Votre attitude privilégiée semble être la fuite. Vous avez tendance à laisser de côté tout ce qui peut engendrer un conflit. Vous préférez adopter une stratégie d'évitement. Quand le conflit est là, vous le minimisez, ou bien vous faites comme s'il n'existait pas. Autre attitude possible : vous jouez les bonnes pâtes ou les victimes en acceptant la domination de l'autre. Vous avez besoin d'être assisté, consolé, de vous faire bien voir, d'être pardonné. Voilà pourquoi vous vous montrez docile, dévoué, obéissant. La fuite ou la soumission ont pour corollaire la dévalorisation de soi et le conformisme.*

### Vous avez une dominante dans la colonne « À l'attaque ! »

*Votre attitude privilégiée semble être l'agressivité. Il s'agit d'une réaction réflexe de base : face à une situation que vous percevez comme hostile, vous montrez les dents et vous contrez systématiquement vos adversaires. L'agressivité répond souvent à la peur d'être soi-même agressé, ou à un besoin de décharger ses tensions, de montrer que l'on est capable de se défendre. Problème : l'agressivité n'est pas toujours la bienvenue et vos opposants ne sont pas toujours prêts à encaisser des humiliations ou à supporter votre hégémonie.*

### Vous avez une dominante dans la colonne « Ruses et artifices ! »

*Votre attitude privilégiée semble être la manipulation. Manipuler revient à exercer en douceur une domination sur les autres, en utilisant des moyens détournés ou des ressorts affectifs. L'objectif non avoué du manipulateur est de parvenir à ses fins en réglant le conflit à son avantage, sans tenir compte des intérêts des autres.*

### Vous avez une dominante dans la colonne « Cartes sur table ! »

*Votre attitude privilégiée semble être l'assertivité. Vous êtes capable d'exprimer et de défendre vos droits tout en respectant ceux des autres, que vous considérez comme des interlocuteurs à part entière. Vous vous affirmez franchement, sans complexe et vous jouez franc jeu dans les relations que vous entretenez avec les personnes de votre entourage. Vous savez poser vos exigences dans le calme, même quand il faut dire non ou faire face à des situations inconnues.*

## Conclusion

*Des quatre attitudes, c'est l'assertivité qui permet la plupart du temps de résoudre les conflits dans les meilleures conditions. Cependant, certaines situations peuvent justifier que l'on recoure à la fuite, à l'attaque ou à la manipulation.*

# Exercice n° 16 • Imaginez les différentes attitudes

*Imaginez, pour chaque exemple, quelles pourraient être les différentes attitudes en réponse.*

**1.** Votre chef de service vous demande de lui apporter un café avec un « nuage de lait », tous les matins à son bureau. Le conflit couve. Cela ne fait pas partie de votre travail et vous trouvez cela déshonorant.

Vos réponses :

| | |
|---|---|
| **Fuite** | |
| **Attaque** | |
| **Manipulation** | |
| **Assertivité** | |

**2.** Inacceptable ! Lors d'un repas de famille, votre belle-sœur s'est permis d'ouvrir une pochette de photos qui se trouvait sur votre bureau et de prélever quelques photos de vos enfants pour ses albums personnels.

Vos réponses :

| | |
|---|---|
| **Fuite** | |
| **Attaque** | |
| **Manipulation** | |
| **Assertivité** | |

## Pistes de réponses

*Voici les réponses que je vous propose. Sommes-nous sur la même longueur d'ondes ?*

### Exemple 1

| | |
|---|---|
| **Fuite** | Vous ravalez votre rancœur et vous continuez à lui apporter son café comme d'habitude. |
| **Attaque** | Cette fois, c'en est trop : vous jetez la tasse de café sur son bureau en hurlant que vous allez porter plainte pour abus de pouvoir. |

| | |
|---|---|
| **Manipulation** | Vous lui dites que vous avez beaucoup de plaisir à participer à ce petit moment de convivialité, mais que vous auriez aussi grand besoin d'une petite semaine de repos. |
| **Assertivité** | Vous lui dites que vous trouvez ce rituel du café déshonorant et que vous souhaitez y mettre un terme. |

## Exemple 2

| | |
|---|---|
| **Fuite** | Vous laissez couler pour éviter les conflits familiaux. |
| **Attaque** | Vous lui arrachez les photos des mains en la priant sèchement de ne jamais reproduire un tel comportement. |
| **Manipulation** | Vous lui dites qu'elle a bien fait de se servir : cela vous permettra à l'occasion de fouiner dans ses affaires sans qu'elle puisse rien vous dire. |
| **Assertivité** | Vous lui faites comprendre que vous avez besoin que l'on respecte votre espace personnel et que vous n'autorisez pas que l'on fouille votre bureau. |

# Exercice n° 17 • Le processus du conflit

*Retrouvez les différentes phases de développement du conflit en remettant dans l'ordre les étapes décrites ci-dessous.*



| **A. Sentiment d'anxiété** |
|---|
| Vous ressentez un trouble, vous vous sentez incompris, malmené par l'autre. |

| B. Conflit intérieur |
|---|
| Votre vision de ce qui est juste, bien, normal, convenable, est ébranlée. |

| C. Conflit déclaré |
|---|
| Chacun reste bloqué sur sa version de la réalité et tente de l'imposer à l'autre. Sans régulation à ce stade, le conflit devient violent. |

| D. Reconnaissance du conflit |
|---|
| Vous n'avez plus de doute : vous êtes bien en conflit avec cette personne. |

| E. Accumulation |
|---|
| Vous avez subi, depuis plus ou moins longtemps, un certain nombre de heurts, d'insatisfactions, de frustrations. |

| F. Recherche de sens |
|---|
| Vous cherchez des éléments de compréhension et vous évaluez l'intensité du positionnement de l'autre. |

Votre proposition : ___ → ___ → ___ → ___ → ___ → ___

## Commentaire

*L'enchaînement des différentes étapes de développement du conflit est le suivant :*

*E → A → B → F → D → C*

*Aviez-vous trouvé la bonne réponse ? Félicitations !*

*Nous pourrions illustrer ce processus dynamique en utilisant un exemple.*

*Depuis plusieurs semaines, la belle-mère de Sophie critique plus ou moins ouvertement la façon dont Sophie élève ses enfants. Parfois elle se contente de faire des allusions, mais, à d'autres moments, elle se montre ironique, voire franchement désagréable (accumulation). Sophie appréhende les rencontres avec sa belle-mère, elle se sent mal à l'aise à l'idée de devoir essuyer de nouvelles critiques (sentiment d'anxiété). Elle participe à des groupes de parole sur l'éducation et pense sincèrement agir dans le bon sens pour ses enfants (conflit intérieur). Elle ne comprend pas l'attitude de sa belle-mère à son égard. Elle tente de trouver des explications : animosité, jalousie d'une mère par rapport à son fils, problème de génération ? (Recherche de sens.) Sophie considère qu'elle ne doit pas se laisser faire : elle est chez elle, il s'agit de ses enfants, de sa famille. Sa belle-mère va trop loin (reconnaissance du conflit). À l'occasion d'une nouvelle remarque désobligeante, Sophie hausse le ton. Sa belle-mère claque la porte en regrettant que son fils ait épousé « une moins que rien » ! (Conflit déclaré.)*

## Exercice n°18 • Les erreurs d'interprétation

Lorsque nous traitons les informations qui proviennent de notre environnement, notre cerveau utilise ses facultés de modélisation qui sont, en quelque sorte, des raccourcis pour gagner du temps.

*Retrouvez les définitions qui correspondent aux trois principales formes de modélisation ?*

| | |
|---|---|
| **A. Généralisation** | 1. Processus par lequel nous ne retenons que certaines informations et en excluons d'autres : malgré le brouhaha de la discothèque, je n'entends que la voix de la personne que j'aime. |
| **B. Sélection** | 2. Processus qui nous permet de percevoir et de transformer la réalité pour lui donner un sens : elle ne m'a pas regardé, donc elle ne m'aime pas. |

| | |
|---|---|
| **C. Distorsion** | 3. Processus qui nous permet de déduire un mécanisme ou un fonctionnement général, une apparente vérité universelle à partir d'une simple expérience personnelle : avec les femmes, je n'ai jamais de chance. |

## Commentaire

*La réponse est :* ***A3 ; B1 ; C2****.*

*Ces modélisations sont pratiques, mais elles peuvent aussi nous poser problème et être la cause de conflits interprétatifs. Si je dis à quelqu'un : « Tu ne te comportes jamais comme je le souhaiterais », j'enferme cette personne dans une généralisation qui la prive de toute possibilité de changement. Si je déclare : « Il vaut mieux ne pas discuter avec toi, sinon cela va dégénérer », j'opère alors une sélection. Cela vaut mieux que quoi ? Quelles seraient les autres options ? En clôturant toute possibilité de dialogue, j'envenime une situation déjà tendue. Et si je dis : « Il ne m'a pas porté la moindre attention, il me méprise », je suis dans un processus de distorsion qui risque de corrompre ma relation avec la personne.*

# Exercice n° 19 • Les erreurs d'interprétation à l'origine des conflits

Selon vous, quel est le processus prédominant qui pourrait être à l'origine d'un conflit dans les exemples suivants ?

*Pour chaque affirmation, cochez la case correspondant au processus potentiellement conflictuel.*

| Affirmations | Généralisation | Sélection | Distorsion |
|---|---|---|---|
| **1.** « C'est toujours pareil, vous ne m'écoutez jamais. » | | | |
| **2.** « Inutile de faire des commentaires. J'ai bien compris où vous vouliez en venir. » | | | |
| **3.** « Dans cette boîte, tout le monde m'en veut. » | | | |
| **4.** « Il serait préférable que vous demandiez votre mutation. » | | | |
| **5.** « Tu ris, donc tu te moques de moi. » | | | |
| **6.** « Il faut que nous parlions tous les deux. » | | | |
| **7.** « Tous les conflits sont des problèmes de communication. » | | | |
| **8.** « Je me sens dévalorisé. » | | | |
| **9.** « Vous n'avez pas idée du mal que vous pouvez me faire, sinon vous vous comporteriez autrement. » | | | |

## Pistes de réponses

- *Généralisation :* ***1, 3 et 7****.*
- *Sélection* ***: 4, 6 et 8****.*
- *Distorsion :* ***2, 5 et 9****.*

***Si vous avez au moins 8 réponses correctes****, vous avez parfaitement saisi les processus humains de traitement de l'information.*

***Si vous avez moins de 8 réponses correctes****, vous n'avez pas totalement compris ces processus. Poursuivez vos observations dans ce domaine afin d'affiner ces connaissances.*

# Exercice n° 20 • Désamorçage

*Trouvez la ou les questions qui pourraient dégonfler les processus décrits dans l'exercice précédent.*

| Affirmations | Questions |
|---|---|
| « C'est toujours pareil, vous ne m'écoutez jamais. » | |
| « Inutile de faire des commentaires. J'ai bien compris où vous voulez en venir. » | |
| « Dans cette boîte, tout le monde m'en veut. » | |
| « Il serait préférable que vous demandiez votre mutation. » | |

| Affirmations | Questions |
| --- | --- |
| « Tu ris, donc tu te moques de moi. » | |
| « Il faut que nous parlions tous les deux. » | |
| « Tous les conflits sont des problèmes de communication. » | |
| « Je me sens dévalorisé. » | |
| « Vous n'avez pas idée du mal que vous pouvez me faire, sinon vous vous comporteriez autrement. » | |

## Pistes de réponses

| Affirmations | Questions |
|---|---|
| « C'est toujours pareil, vous ne m'écoutez jamais. » | « Ne vous écoute-t-on vraiment jamais ? N'y a-t-il pas un moment ou vous vous êtes senti entendu ? » |
| « Inutile de faire des commentaires. J'ai bien compris où vous voulez en venir. » | « Êtes-vous sûr et certain de comprendre quelles sont mes intentions ? Sur quoi vous basez-vous pour déclarer cela ? » |
| « Dans cette boîte, tout le monde m'en veut. » | « Vous pensez que pas une seule personne de cette entreprise n'a de l'estime ou de la reconnaissance pour vous ? C'est bien cela ? » |
| « Il serait préférable que vous demandiez votre mutation. » | « Préférable à quoi ? Quelles sont les autres solutions ? » |
| « Tu ris donc tu te moques de moi. » | « Rire signifie-t-il que l'on se moque de vous ? Qu'est-ce qui vous permet de tirer cette conclusion ? » |
| « Il faut que nous parlions tous les deux. » | « Parler, d'accord, mais de quoi ? » |
| « Tous les conflits sont des problèmes de communication. » | « Vraiment tous ? N'y a-t-il pas des conflits qui relèvent d'autre chose ? » |
| « Je me sens dévalorisé. » | « Pour quelles raisons ? Qu'est-ce qui vous fait dire cela ? » |
| « Vous n'avez pas idée du mal que vous pouvez me faire, sinon vous vous comporteriez autrement. » | « Comment le savez-vous ? Pourquoi pensez-vous que je devrais me comporter différemment ? » |

# Exercice n° 21 • Besoins fondamentaux

Le psychologue américain Abraham Maslow a montré que la satisfaction de nos besoins fondamentaux motivait l'essentiel de nos actes et de nos comportements. Les cinq grandes formes de besoins humains sont le besoin matériel, le besoin de sécurité, le besoin d'appartenance, le besoin de reconnaissance et le besoin de réalisation.

*Saurez-vous relier, par des traits de crayon, les besoins à leurs applications concrètes ?*

| | |
|---|---|
| Besoins matériels | 1. Avoir un cadre, des règles.<br>2. Sentir que l'on fait partie d'un groupe.<br>3. Pouvoir dialoguer avec les autres. |
| Besoins de sécurité | 4. Se sentir estimé.<br>5. Évoluer.<br>6. Boire, s'alimenter. |
| Besoins d'appartenance | 7. Être protégé des agressions.<br>8. Être autonome.<br>9. Dormir. |
| Besoins de reconnaissance | 10. Pouvoir exprimer ses compétences.<br>11. Recevoir des signes de gratification.<br>12. Ne pas se sentir menacé psychologiquement. |
| Besoins de réalisation | 13. Se mouvoir.<br>14. Donner libre cours à sa personnalité.<br>15. Avoir des contacts avec les autres. |

## Commentaires

- *Besoins matériels : 6, 9 et 13.*
- *Besoins de sécurité : 1, 7 et 12.*
- *Besoins d'appartenance : 2, 3 et 15.*
- *Besoins de reconnaissance : 4, 10 et 11.*
- *Besoins de réalisation : 5, 8 et 14.*

*Lorsque des personnes contrarient ou s'opposent, de façon consciente ou non, à la satisfaction de nos besoins fondamentaux, nous entrons en conflit avec elles. Et plus nous éprouvons des difficultés à traduire nos besoins en demande, plus le conflit persiste et s'aggrave. Par conséquent, nous allons devoir développer notre capacité à comprendre, à exprimer nos besoins insatisfaits ou empêchés, et leur associer une demande claire pour résoudre les conflits dans lesquels nous sommes impliqués.*

# Exercice n° 22 • Quels besoins sont insatisfaits ?

Lisez les situations potentiellement conflictuelles qui suivent et identifiez le besoin fondamental qui n'est pas satisfait dans chacun des exemples.

**1.** « Johan est passionné de guitare manouche. Il pratique cet art quotidiennement pendant une à deux heures. Trois mois avant l'examen du baccalauréat, son père a mis l'instrument sous clé afin qu'il se consacre exclusivement à ses révisions. »

Votre réponse : ________________________________

________________________________________

**2.** « Mon professeur m'a humilié devant mes camarades de classe qui, depuis, me tiennent à l'écart. »

Votre réponse : ____________________________________

________________________________________________

**3.** « Je suis en contrat à durée déterminée. Mon employeur agite le spectre du licenciement pour m'obliger à accepter des tâches ingrates. »

Votre réponse : ____________________________________

________________________________________________

**4.** « Je suis veilleur de nuit. Dans la journée, pendant mon sommeil, mon voisin fait des travaux au marteau-piqueur dans son appartement. »

Votre réponse : ____________________________________

________________________________________________

**5.** « Après une séparation conjugale très douloureuse, mon conjoint a réussi, à l'aide de faux arguments, à convaincre le juge de me retirer la garde de mes enfants. »

Votre réponse : ____________________________________

________________________________________________

## Solution

*Les besoins insatisfaits sont les suivants…*

***1 :** besoin de réalisation ; **2 :** besoin d'appartenance ; **3 :** besoin de sécurité ; **4 :** besoin matériel ; **5 :** besoin de reconnaissance.*

*Votre capacité à identifier vos propres besoins insatisfaits ainsi que ceux de votre opposant va vous permettre d'envisager le conflit avec plus de sérénité et d'accepter votre part de responsabilité.*

# Exercice n°23 • Les messages négatifs

Taibi Kahler, psychologue du comportement, a mis en évidence les cinq messages négatifs les plus fréquents, que nous utilisons au quotidien et qui parasitent la communication et génèrent du conflit lorsqu'ils sont employés de façon intempestive.

*Pour chaque message négatif, trouvez des contre-messages positifs.*

| Messages négatifs | Illustrations | Vos propositions de contre-messages positifs |
|---|---|---|
| Dépêche-toi ! | Le temps presse, n'attends pas pour agir. | |
| Sois fort ! | Montre que tu ne te laisses pas impressionner. Cache tes émotions. | |
| Fais des efforts ! | La réussite se gagne à la force du poignet. Plus tu en feras, plus tu auras des chances d'y arriver. | |

| Messages négatifs | Illustrations | Vos propositions de contre-messages positifs |
|---|---|---|
| Fais-moi plaisir ! | Aime-moi et ne fais pas en sorte que je ne t'aime plus. Fais disparaître tout ce qui pourrait me paraître désagréable chez toi. | |
| Sois parfait ! | Tu n'as aucun droit à l'erreur. On peut toujours faire mieux. Tu dois être le meilleur. | |

## Pistes de réponses

***Parce qu'ils sont facteurs d'angoisse et de stress, la multiplication de ces messages négatifs peut aboutir à la soumission, à la passivité, à la culpabilisation ou à l'escalade contestataire, et donc au conflit. Voici mes propositions de contre-messages positifs. Je les formule, à dessein, à la première personne.***

| Messages négatifs | Mes propositions de contre-messages positifs |
|---|---|
| Dépêche-toi ! | Je me donne du temps, je respire. Rien ne presse. |
| Sois fort ! | J'ai le droit d'avoir des faiblesses, de me tromper, d'exprimer mes émotions. |
| Fais des efforts ! | Je mesure mes efforts, je suis réaliste avec moi-même. |
| Fais-moi plaisir ! | Je pense aussi à moi. |
| Sois parfait ! | Je suis déjà parfait tel que je suis. Pourquoi chercher plus loin ? |

# Exercice n°24 • Premier rôle

Dans notre communication, nous mettons en œuvre des stratégies inconscientes qui se conforment à des scénarios permanents dont il est parfois très difficile de sortir. Dans cet exercice, nous allons identifier votre rôle privilégié.

*Entourez dans le tableau suivant les réponses qui vous correspondent le mieux.*

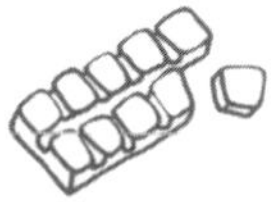

| | Jamais | Parfois | Assez souvent | Très souvent |
|---|---|---|---|---|
| Vous avez besoin d'être protégé. | - | △ | △△ | △△△ |
| Vous aimez bien venir en aide aux autres, même s'ils ne vous ont rien demandé. | - | ◊ | ◊◊ | ◊◊◊ |
| Quand quelqu'un vous agresse, vous lui rentrez dedans. | - | ○ | ○○ | ○○○ |
| Quelque part, vous vous sentez responsable du malheur des autres. | - | ◊ | ◊◊ | ◊◊◊ |
| Vous avez pour habitude d'imposer vos règles. | - | ○ | ○○ | ○○○ |
| Vous pensez qu'en vous plaignant vous attirez la sympathie. | - | △ | △△ | △△△ |
| Les autres vous perçoivent comme une personne autoritaire. | - | ○ | ○○ | ○○○ |

| | Jamais | Parfois | Assez souvent | Très souvent |
|---|---|---|---|---|
| Les autres sont responsables de ce qui vous arrive. | - | △ | △△ | △△△ |
| Vous pensez que chacun n'a que ce qu'il mérite. | - | ○ | ○○ | ○○○ |
| Quelles que soient les circonstances, vous savez généralement quoi faire pour arranger les choses. | - | ◊ | ◊◊ | ◊◊◊ |
| Vous avez l'impression qu'on ne vous écoute pas. | - | △ | △△ | △△△ |
| Si le bateau coule, vous prenez les commandes. | - | ◊ | ◊◊ | ◊◊ |
| Vous intervenez spontanément pour jouer les médiateurs dans des conflits qui ne vous concernent pas directement. | - | ◊ | ◊◊ | ◊◊◊ |
| L'ingratitude est un vilain défaut. | - | ◊ | ◊◊ | ◊◊◊ |
| Les autres sont ingrats avec vous. | - | △ | △△ | △△△ |
| Vous pensez que les gens iraient mieux s'ils suivaient plus souvent vos conseils. | - | ◊ | ◊◊ | ◊◊◊ |
| Vous critiquez les autres. | - | ○ | ○○ | ○○○ |
| Pour vous, sévérité rime avec efficacité. | - | ○ | ○○ | ○○○ |
| Vous avez le sentiment d'être exploité dans votre travail, par vos amis, les membres de votre famille. | - | △ | △△ | △△△ |

| | Jamais | Parfois | Assez souvent | Très souvent |
|---|---|---|---|---|
| Vous donnez volontiers des conseils aux autres. | - | ◊ | ◊◊ | ◊◊◊ |
| Vous ne vous sentez pas apprécié à votre juste valeur. | - | △ | △△ | △△△ |
| Quand on vous a fait une « crasse », vous prenez votre revanche. | - | ○ | ○○ | ○○○ |
| Vous pensez que vous n'avez pas de chance. | - | △ | △△ | △△△ |
| Vous êtes intolérant. | - | ○ | ○○ | ○○○ |

## Commentaires

### Faites vos comptes

- *Total des* ◊ :_ _ _ _ _ _ _ _ _
- *Total des* △ :_ _ _ _ _ _ _ _ _
- *Total des* ○ :_ _ _ _ _ _ _ _ _

### Vous avez un maximum de ◊ : Sauveur est votre rôle privilégié

*On peut compter sur vous en toutes circonstances. Vous êtes persuadé que vous savez ce qu'il faut faire pour arranger les choses, même dans les situations qui ne vous regardent pas. Confiant dans vos capacités personnelles, vous vous empressez d'intervenir pour arrondir les angles et porter la bonne parole (la vôtre !). Mais en portant secours aux « victimes » face aux grands méchants « persécuteurs », vous les confortez dans leur statut de victime. Votre aide est donc souvent inefficace. Passionné par les situations conflictuelles dans lesquelles vous pouvez exercer votre rôle favori, vous pouvez pousser le jeu un peu loin, par exemple en construisant des discordes de toutes pièces, pour le simple plaisir d'avoir à les résoudre.*

**Vous avez un maximum de △ : Victime est votre rôle privilégié**

*Vous vous sentez seul sur terre, inconsolé, mal compris, victime des autres et du destin. Vous manquez tellement de chance que, malgré tous les efforts que vous faites pour vous en sortir, vous avez le sentiment de ne jamais y arriver. Souvent dépassé par les événements, vous renvoyez la responsabilité de vos problèmes sur les autres. Il peut même vous arriver d'initier les querelles par votre comportement afin de multiplier les reproches à votre encontre. Face aux persécuteurs, vous vous soumettez ou proférez des menaces, tout en lançant des appels pour être repéré par le Sauveur.*

**Vous avez un maximum de ○ : Persécuteur est votre rôle privilégié**

*Pour vous, être efficace, c'est imposer violemment des règles. Les vôtres de préférence ! La frustration est souvent à l'origine de votre comportement. Vous considérez que chacun est responsable des problèmes qu'il rencontre et qu'au final, les autres n'ont que ce qu'ils méritent. Spécialiste de l'affrontement musclé, vous n'avez qu'une doctrine : « Marche ou crève ! » Volontiers manipulateur, vous pouvez exceller dans la critique et le dénigrement.*

## Exercice n°25 • Triangles dramatiques

Dans les exemples suivants, identifiez la distribution des rôles : sauveur (S), victime (V) ou persécuteur (P).

**1.** Depuis une quinzaine de jours, votre voisin, M. Coover, se gare systématiquement sur votre place de parking. Vous pensez qu'il cherche à vous provoquer en empiétant sur votre territoire personnel. Vous faites appel au syndic de l'immeuble pour régler le problème.

Vous : ____V____ ; Monsieur Coover : ____P____ ;

le syndic : ____S____

**2.** Mickaël a décidé de façon péremptoire que cette année sa famille et lui-même prendraient des vacances au grand air de la montagne. Son épouse, Sandrine, aurait préféré un séjour à la mer – elle adore la plage et le farniente –, mais elle se soumet aux décisions de son mari sans mot dire. Au cours d'une promenade, Muriel, la sœur de Sandrine, conseille à cette dernière de faire entendre sa voix.

Mickaël : ____________ ; Sandrine : ____________ ;

Muriel : ____________

**3.** Stéphanie a renversé une tasse de café sur un dossier important. Son responsable l'admoneste mais Ève, sa voisine de bureau, intervient pour minimiser l'incident.

Stéphanie :____________ ; le responsable : ____________ ;

Ève : ____________

## Commentaire

*Prendre conscience des jeux dramatiques dans lesquels nous entrons, parfois avec une facilité déconcertante, permet de comprendre le processus en cours et d'en neutraliser les effets pervers et potentiellement conflictuels.*

# Exercice n° 26 • Le dilemme des porcs-épics

Le philosophe allemand Arthur Schopenhauer est l'inventeur de cette parabole bestiale : égarés dans une contrée glaciale, deux porcs-épics (qui vivent d'ordinaire dans les pays chauds) se pressent l'un contre l'autre pour se protéger mutuellement du gel et échanger un peu de tiédeur. Mais leur physique ne manquant pas de piquants, ils sont rapidement contraints de se séparer pour éviter de se s'embrocher l'un l'autre... Jusqu'à ce que le froid les contraigne à se rapprocher de nouveau.

Et vous ? Quels sont les attitudes ou les comportements des autres qui vous hérissent et vous font dresser les aiguilles ?

*Faites votre analyse personnelle et complétez les cases sur le dessin ci-dessous.*

## Commentaire

*Dans nos relations avec les autres, nous expérimentons ce jeu de yo-yo relationnel : sans la proximité de nos pairs, nous devenons névrotiques, mais, paradoxalement, lorsque nous nous rapprochons d'eux, nous ressentons leur présence comme un danger et nous entrons en conflit avec eux. Et la moindre intrusion dans nos territoires peut devenir source de la plus grande violence.*

# Exercice n°27 • Les aveugles et l'éléphant



Cette histoire se déroule dans un village dont les habitants sont tous aveugles. Un jour, un colporteur annonce qu'un prince venu d'un autre pays visite la région à dos d'éléphant. Les aveugles, n'ayant jamais entendu parler de cet animal, s'interrogent : « À quoi peut bien ressembler un éléphant ? » Le colporteur explique qu'il s'agit d'une bête immense et extraordinaire. Il éveille si bien leur curiosité que les aveugles veulent tous s'approcher de l'éléphant pour s'en faire une idée personnelle. Mais ils sont beaucoup trop nombreux et il est décidé d'envoyer une délégation de trois personnes à la rencontre de l'animal. Le moment venu, les trois aveugles palpent l'éléphant avec application, après quoi ils remercient le prince et rentrent au village.

Aussitôt, leurs condisciples se précipitent autour d'eux pour savoir à quoi ressemble le prestigieux animal. L'aveugle qui n'a touché que l'oreille dit : « C'est un animal qui ressemble à une dépouille écailleuse battue par les vents. » « Mais pas du tout, dit celui qui n'a tâté que la trompe, c'est une sorte de serpent très large, très nerveux, avec une tête poilue et humide. » « Vous dites n'importe quoi, s'indigne le troisième, qui n'a palpé qu'une patte, c'est une bête qui ressemble à un tronc de cocotier. » « Mettez-vous d'accord ! » supplient les villageois. Mais au lieu de ça, les trois aveugles se disputent violemment, chacun étant persuadé d'avoir raison. Les autres prennent parti et la dispute tourne à la bagarre générale  avant qu'un sage n'émette des doutes sur la possibilité de voyager à dos de dépouille, à dos de serpent ou à dos d'arbre.

*Répondez aux questions qui suivent.*

**1.** Les trois aveugles étaient-ils sincères dans leur description de l'éléphant ?

☐ OUI ☐ NON

**2.** Pourquoi ne parviennent-ils pas à s'entendre ?

**3.** Sur quoi repose le conflit ?

**4.** Lequel pourrait réussir à imposer son point de vue ?

**5.** Comment auraient-ils pu donner une description plus juste de l'éléphant ?

_ _ _ _ _ _ _ _ _ _ _ _ _ _ _ _ _ _ _ _ _ _ _ _ _ _ _ _ _ _ _ _ _ _ _ _ _ _ _

_ _ _ _ _ _ _ _ _ _ _ _ _ _ _ _ _ _ _ _ _ _ _ _ _ _ _ _ _ _ _ _ _ _ _ _ _ _ _

_ _ _ _ _ _ _ _ _ _ _ _ _ _ _ _ _ _ _ _ _ _ _ _ _ _ _ _ _ _ _ _ _ _ _ _ _ _ _

**6.** Quels enseignements pouvons-nous tirer de ce conte ?

_ _ _ _ _ _ _ _ _ _ _ _ _ _ _ _ _ _ _ _ _ _ _ _ _ _ _ _ _ _ _ _ _ _ _ _ _ _ _

_ _ _ _ _ _ _ _ _ _ _ _ _ _ _ _ _ _ _ _ _ _ _ _ _ _ _ _ _ _ _ _ _ _ _ _ _ _ _

_ _ _ _ _ _ _ _ _ _ _ _ _ _ _ _ _ _ _ _ _ _ _ _ _ _ _ _ _ _ _ _ _ _ _ _ _ _ _

## Pistes de réponses

**1.** *Oui, les trois aveugles sont parfaitement sincères dans la description qu'ils rapportent.*

**2.** *Chacun défend* mordicus *son point de vue.*

**3.** *Aucun des aveugles n'a conscience qu'il ne possède qu'une perception partielle de l'éléphant.*

**4.** *Celui qui sait s'imposer, séduire ou convaincre pourrait prendre le dessus et rattacher tout le village à sa perception (qui n'est pas plus exacte que celle des autres).*

**5.** *En associant leurs perceptions comme les pièces d'un puzzle, les aveugles auraient pu reconstruire l'éléphant de façon plus juste.*

**6.** *Avons-nous vraiment raison ? Les autres ont-ils vraiment tort ? La réalité est plus complexe et nos perceptions, même si elles sont discordantes, peuvent nous permettre une vision plus riche des choses. À condition que nous acceptions de sortir de la compétition et de coopérer.*

# 3

# L'art de résoudre les conflits de façon pacifique

Est-il possible de traiter les conflits dans le calme et la transparence, en évitant les rapports de force, la négation des individus et la violence[3] ? Oui, pour un nombre important de conflits, il est raisonnable de penser que l'on peut résoudre les oppositions de façon non violente. Comment ? En cessant de juger ce que les autres font ou disent et en portant une attention particulière à ce que nous-mêmes ressentons pour faire apparaître nos besoins.

C'est une démarche d'évolution personnelle dans laquelle nous allons cesser de tenir systématiquement les autres pour responsables de nos déboires ou de nos échecs.



3. Ce chapitre se réfère aux travaux de Marshall Rosenberg, docteur en psychologie clinique et directeur de la formation du Centre pour la communication non violente (voir Bibliographie).

Cette résolution pacifique des conflits va nous permettre :

- de désamorcer les conflits dans le calme et la transparence ;
- de préserver la relation en limitant les malentendus, les attitudes réactives et le repli sur soi ;
- de favoriser l'écoute et l'empathie (la faculté de ressentir ce que l'autre ressent), souvent nécessaires au traitement du conflit ;
- de disposer d'une procédure qui rompt avec les conditionnements traditionnels et permet de mieux se connaître soi-même, tout en incitant l'autre à sortir avec nous de l'engrenage du conflit... même s'il ne maîtrise pas lui-même ce processus.

## Exercice n° 28 • Petite révision

*En tenant compte de ce que nous avons vu ensemble jusqu'à présent, répondez aux deux questions suivantes.*

**1.** Quels sont, à votre avis, les cinq attitudes et comportements qui sont le plus créateurs de tension et de conflit ?

**2.** Quels sont les cinq comportements et attitudes qui, d'après vous, génèrent un bon climat et développent la coopération ?

_ _ _ _ _ _ _ _ _ _ _ _ _ _ _ _ _ _ _ _ _ _ _ _ _ _ _ _ _ _ _ _ _ _ _ _ _

_ _ _ _ _ _ _ _ _ _ _ _ _ _ _ _ _ _ _ _ _ _ _ _ _ _ _ _ _ _ _ _ _ _ _ _ _

_ _ _ _ _ _ _ _ _ _ _ _ _ _ _ _ _ _ _ _ _ _ _ _ _ _ _ _ _ _ _ _ _ _ _ _ _

## Pistes de réponses

*À mon avis, les cinq principaux comportements et attitudes qui génèrent du conflit sont les suivants :*

- *Refuser la conflictualité/Ne pas reconnaître l'opposition/Avoir peur du conflit.*
- *Stigmatiser/Accuser l'autre.*
- *Se laisser déborder par ses émotions.*
- *Appliquer la loi du plus fort/Accepter d'endosser le rôle de la victime.*
- *Communiquer de façon équivoque.*

*Les cinq principaux comportements et attitudes qui génèrent un climat relationnel pacifié sont, selon moi, les suivants :*

- *Reconnaître le conflit / Changer sa propre image du conflit.*
- *Respecter la personne avec laquelle on est en conflit/Ne pas chercher à la soumettre/L'entendre dans ce qu'elle est.*
- *Échanger des messages clairs.*
- *Ajuster la relation (ni trop de distance, ni trop de proximité).*
- *Avoir confiance en soi/Avoir confiance en l'autre.*

*Le but de cet exercice était de vous faire réfléchir aux facteurs qui influent sur l'apparition et la résolution des conflits. Sans doute avez-vous noté d'autres propositions tout aussi intéressantes que les miennes. Il n'y a pas de problème !*



# Exercice n° 29 • Violent/pas violent

La violence ne s'exprime pas nécessairement de manière ouverte par des coups, des brutalités ou des pressions psychologiques. Il existe une violence plus insidieuse : celle que nous exerçons sur les autres, sans même nous en rendre compte, dans notre communication quotidienne.

*Comment classeriez-vous les comportements suivants ? Cochez les cases idoines.*

| Affirmations | C'est plutôt violent. | Cela ne me semble pas violent. |
| --- | --- | --- |
| **1.** Dire à l'autre ses quatre vérités. | | |
| **2.** Imposer sa vision de la réalité. | | |
| **3.** Décrire les faits avec précision. | | |
| **4.** Taire ses besoins. | | |
| **5.** Défendre ses droits. | | |
| **6.** Exiger que l'autre s'implique. | | |
| **7.** Proférer des menaces. | | |
| **8.** Formuler une demande. | | |
| **9.** Cataloguer et juger les autres. | | |
| **10.** Exprimer ce que l'on ressent. | | |

## Pistes de réponses

*Voici mes réponses. Sommes-nous d'accord ?*

- *Les affirmations **1, 2, 4, 6, 7 et 9** sont plutôt violentes.*
- *Les affirmations **3, 5, 8 et 10** ne sont pas violentes (bien au contraire !).*

# Exercice n° 30 • Hérisson et Cie

*Au regard de ce que nous avons vu jusqu'à présent, que vous inspire ce petit jeu d'assonance ?*

| | **Pour vous cela signifie…** |
|---|---|
| Ni hérisson, | |
| ni paillasson, | |
| ni polisson, | |
| mais à l'unisson. | |

## Commentaire

*Avez-vous trouvé ? Cette petite comptine représente en réalité une définition imagée de l'attitude non violente. Elle nous met en garde contre les principales attitudes qui peuvent générer de la violence dans un conflit : l'attaque, la fuite et la manipulation.*

***Hérisson :*** *évitez d'être en permanence sur la défensive, de montrer les dents ou de brandir vos aiguilles. Il est aussi possible d'aborder un conflit dans le calme et la distanciation.*

***Paillasson :*** *cessez d'accepter sans sourciller que l'on exerce une emprise ou une domination sur vous pour faire plaisir aux autres ou pour vous faire aimer d'eux. Soyez attentif à vos émotions et ne restez pas passif face au conflit.*

***Polisson :*** *méfiez-vous de la manipulation qui ne tient pas compte des intérêts de l'autre. Elle fonctionne comme une arme à retardement. Et si elle peut, en apparence, s'avérer payante dans un premier temps, elle génère la plupart du temps encore plus de conflit.*

***À l'unisson :*** *pour conserver une relation constructive avec votre opposant, exposez la situation de façon objective et sans vous* *énerver. Faites part de votre ressenti et questionnez l'autre sur les issues qu'il propose. Montrez-vous coopératif et valorisez le fait qu'une solution commune pourrait vous permettre de sortir tous les deux la tête haute du désaccord.*

## Exercice n° 31 • Conflits de chameaux

Sentant sa fin venir, un vieil homme décide de partager son troupeau de chameaux entre ses trois fils, Ahmed, Ali et Yacine, selon le principe suivant :

- comme il est l'aîné, Ahmed recevra la moitié du troupeau ;
- Ali, le deuxième fils, héritera du quart ;
- Yacine, le cadet, se contentera quant à lui d'un sixième du troupeau.

Le vieil homme meurt peu de temps après ce partage et ses fils sont très embarrassés, une répartition respectueuse des dernières volontés du père se révélant irréalisable : l'effectif du troupeau s'élève en effet à onze chameaux.

Le conflit s'installe entre les trois frères et, devant l'impossibilité de trouver une solution satisfaisante, l'affaire dégénère et ils en viennent aux mains. Yacine, le plus jeune, réussit tout de même à convaincre ses frères de soumettre l'épineuse question au *khadi*, le sage du village, lui-même propriétaire de chameaux.

*Cherchez la réponse à ce problème.*

Vous êtes le *khadi* et vous devez trouver une solution qui respecte le testament du père décédé sans pour autant recourir à une boucherie : tous les chameaux doivent rester entiers...

Trouverez-vous la clé ? Notez vos réponses ci-dessous.

---

---

---

## Solution et commentaire

*Voici la solution : prêtez l'un de vos chameaux pour que le troupeau s'élève à douze têtes. Ainsi :*

- *Ahmed recevra la moitié du troupeau, soit six chameaux (12 : 2 = 6) ;*
- *Ali héritera du quart, soit trois chameaux (12 : 4 = 3) ;*
- *Yacine obtiendra un sixième du troupeau, soit deux chameaux (12 : 6 = 2).*

*Vous pourrez alors récupérer votre propre chameau, puisqu'une fois le partage effectué, ce douzième chameau ne sert plus à rien (6 + 3 + 2 = 11). Surprenant, n'est-ce pas ?*

## Pistes de réflexion

*Ce récit est intéressant à plusieurs titres. Son premier enseignement est de montrer que l'intelligence et la créativité permettent souvent de trouver une issue positive à un conflit.*

*En outre, il est toujours possible de changer les bases du problème pour faire émerger une nouvelle façon de voir les choses. Dans ce récit, il est fait appel à une fiction (le douzième chameau) pour trouver une solution tout à fait satisfaisante. Pour résoudre un antagonisme, il est souvent bénéfique de sortir du cadre du conflit lui-même : cherchez le douzième chameau ! Et si les protagonistes ne sont pas en mesure de trouver eux-mêmes cette ressource, il peut être utile de faire appel à l'intervention symbolique d'un tiers neutre* (le khadi) *qui va assurer la médiation.*

# Exercice n° 32 • Ligne occupée

*Lisez les deux déclarations suivantes qui se rapportent à une même situation, puis remplissez le questionnaire qui suit. La personne qui parle s'appelle Vincent. Vincent est le compagnon de Sandra.*

## Méthode A

« Comme d'habitude, tu es restée pendue pendant des heures au téléphone avec ta copine Marie-France, je suppose. Celle-là, aussi, quelle concierge ! Je ne sais pas ce que vous pouvez vous raconter. En tout cas, mon client n'a pas rappelé depuis. Si je perds ce marché à cause de toi, tu pourras te féliciter d'avoir contribué à ma faillite. Bravo ! »

## Méthode B

« Sandra, cet après-midi, le téléphone est resté indisponible de 15 heures à 17 heures. Je suis très contrarié, car un client devait me rappeler et j'ai peur d'avoir perdu ce marché. J'ai besoin que l'on puisse me joindre facilement pour mon travail, comprends-tu ? En attendant que je dispose d'une ligne professionnelle, je te demande d'éviter de téléphoner trop longuement pendant les heures de bureau. »

| | Méthode A | Méthode B |
|---|---|---|
| Vincent décrit-il avec précision la situation ? | | |

| | **Méthode A** | **Méthode B** |
|---|---|---|
| Vincent exprime-t-il ce qu'il ressent ? | | |
| Vincent expose-t-il clairement son besoin ? | | |
| Vincent formule-t-il une demande ? | | |
| Comment va réagir Sandra, à votre avis ? | | |
| Avez-vous le sentiment que cette méthode est violente ? | | |

## Pistes de réponses

*Comparez vos réponses aux miennes. Sommes-nous sur la même longueur d'ondes ?*

| | Méthode A | Méthode B |
|---|---|---|
| Vincent décrit-il avec précision la situation ? | Non. Ses propos sont confus et il est agressif. | Oui : « Cet après-midi, de 15 heures à 17 heures, le téléphone est resté indisponible. » |
| Vincent exprime-t-il ce qu'il ressent ? | Non, il est submergé, sous l'emprise de la colère. | Oui : « Je suis contrarié. » |
| Vincent expose-t-il clairement son besoin ? | Non, le besoin apparaît en filigrane. | Oui : « J'ai besoin que l'on puisse me joindre facilement pour mon travail. » |
| Vincent formule-t-il une demande ? | Non. Il est sarcastique mais il ne fait pas de demande explicite. | Oui : « Je te demande d'éviter de téléphoner trop longuement pendant les heures de bureau. » |
| Comment va réagir Sandra, à votre avis ? | Elle risque de se sentir agressée et d'adopter un comportement en miroir. | Elle n'est pas directement accusée. Elle est dans de bonnes dispositions pour entendre la demande de Vincent. |
| Avez-vous le sentiment que cette méthode est violente ? | Oui, pour moi cette façon de réagir est porteuse de violence. Cette méthode est contestable. | Non, à mon avis, cette méthode préserve la relation, tout en permettant à Vincent d'exprimer ses besoins et de formuler une demande. |

# Exercice n° 33 • Phrase-puzzle

*Remettez dans l'ordre les éléments de conversation suivants, en notant au crayon sur chaque étiquette un chiffre de 1 à 5.*

parce que j'ai besoin que l'on reconnaisse mes efforts et ce qui fonctionne bien dans mon travail

je vous demande, à partir d'aujourd'hui, d'évaluer mon travail dans un esprit d'équité

je perds toute confiance en moi

quand je reçois des reproches et des remarques dévalorisantes de votre part, comme cela a été le cas, hier à 16 heures, après la réunion

Monsieur Duvert

## Commentaire

*L'ordre des syntagmes est le suivant :*

*« Monsieur Duvert, quand je reçois des reproches de votre part, comme cela a été le cas, hier à 16 heures, après la réunion, je perds toute confiance en moi, parce que j'ai besoin que l'on reconnaisse mes efforts et ce qui fonctionne bien dans mon travail. Je vous demande, à partir d'aujourd'hui, d'évaluer ce que je fais dans un esprit d'équité. »*

*Ce texte respecte le processus de la communication non violente qui consiste à :*

- *observer des faits ;*
- *exprimer un ressenti ;*
- *rattacher ce ressenti à un besoin insatisfait ;*
- *formuler une demande.*

*Bien entendu, l'interlocuteur n'a pas l'obligation d'accéder à la demande finale mais, dans la forme, le locuteur a évité de l'agresser et ne s'est pas posé en victime. Il lui a fait part de ce qu'il a observé, sans le juger. Il a dit ce qu'il ressentait, ce que les propos avaient comme effet sur lui. Ensuite, il a corrélé ce ressenti à des besoins personnels non satisfaits, après quoi il a énoncé ses desiderata. Cette méthode permet d'engager la résolution du conflit de façon claire, cohérente et sans porter d'accusation.*

## Exercice n° 34 • S'agit-il d'une simple observation ?

*Lisez les affirmations suivantes et cochez celles qui vous paraissent traduire une simple observation, sans jugement ni évaluation.*

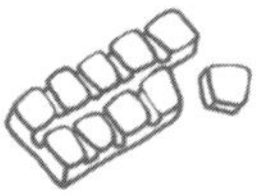

1. Hier, tu t'es montré trop généreux avec lui.
2. Cette semaine, Angèle est arrivée à l'heure tous les jours.
3. J'ai observé que Paul avait mauvais caractère.
4. Sophie m'a dit que je manquais d'affirmation de moi.
5. Souvent, mon voisin me manque de respect.
6. Je n'arrive pas à comprendre ton attitude.
7. En trois mois, Grégory n'a pas obtenu un seul contrat.
8. Tu te plains tout le temps.
9. Caroline ne m'a pas demandé mon avis quand elle m'a quitté.
10. Ce matin, tu t'es énervé contre moi sans aucune raison.

## Commentaire

*Les affirmations qui traduisent une simple observation sont les suivantes :* 2, 4, 6, 7 *et* 9.

*Les autres phrases portent des marques de jugement ou d'évaluation de la part de la personne qui les formule :*

***1.*** *« trop »* est un jugement personnel ;

***3.*** *« mauvais caractère »* est une évaluation ;

***5.*** *« souvent »* est un terme imprécis ;

***8.*** *« tout le temps »* est une généralisation ;

***10.*** *« sans aucune raison »* est une lecture de pensée.

*L'observation est la première étape de la formulation. Dans la démarche non violente, il est essentiel que l'observation ne porte aucune trace de jugement ou d'évaluation, sans quoi la personne à qui l'on s'adresse peut adopter une attitude défensive ou interrompre le dialogue.*

# Exercice n° 35 • Ressenti ou interprétation ?

Un ressenti est un sentiment qui exprime le degré de satisfaction ou d'insatisfaction d'un besoin. Le ressenti se distingue de l'interprétation qui est mentale et porte sur les actions des autres.

Dans la liste d'adjectifs ci-après, cochez tous ceux qui expriment un ressenti et relevez ceux qui relèvent au contraire de l'interprétation (il y en a dix dans cette liste).

| | | | |
|---|---|---|---|
| à l'aise | contrarié | frustré | perplexe |
| abandonné | coupable | gai | pessimiste |
| agacé | curieux | heureux | rassuré |
| amoureux | décontenancé | honteux | réconforté |
| amusé | délassé | ignoré | rejeté |
| angoissé | détendu | impatient | satisfait |
| anxieux | dévalorisé | impliqué | sécurisé |
| attaqué | emballé | impuissant | seul |
| attentif | ému | incompris | soucieux |
| blessé | enchanté | indécis | soulagé |
| bouleversé | épanoui | intéressé | stimulé |
| calme | étonné | irrité | surpris |
| chagriné | exaspéré | jaloux | tendu |
| charmé | excédé | las | touché |
| choqué | excité | libre | trahi |
| comblé | exploité | mal à l'aise | triste |
| concerné | fatigué | méprisé | trompé |
| confiant | fier | optimiste | vexé |
| content | fou de joie | paisible | vulnérable |

## Solution

*Les dix adjectifs qu'il fallait trouver sont les suivants : abandonné, attaqué, dévalorisé, exploité, ignoré, incompris, méprisé, rejeté, trahi, trompé.*

*Ces adjectifs n'expriment pas à proprement parler votre ressenti, mais la façon dont vous pensez que les autres vous traitent ; par conséquent, vous n'exprimez pas clairement la vérité de ce qui se passe en vous.*

# Exercice n° 36 • Relier son ressenti à un besoin

Assumer la responsabilité de son ressenti, c'est être capable d'identifier ses besoins personnels et de les révéler.

*Dans les cinq phrases qui suivent, la personne n'exprime pas clairement son ressenti et ses besoins. Saurez-vous traduire ses déclarations ?*

| Affirmations à traduire | Traduction |
|---|---|
| J'ai besoin que tu arrêtes de me critiquer devant les enfants. | |
| Tu es verbalement très agressif. Ça m'énerve de t'entendre. | |
| Tu m'exaspères quand tu laisses tes chaussures dans l'entrée. | |
| Je suis fâché parce que tu m'avais dit que tu viendrais au vernissage de Joël et je t'ai attendu. | |
| Vous m'ennuyez. Cela fait dix fois que vous répétez la même chose. | |

## Pistes de réponses

*1. Je suis en colère quand tu me critiques devant les enfants parce que j'ai besoin de me sentir respecté.*

*2. Je suis énervé par ton propos parce que je le prends comme une agression.*

*3. Quand je vois tes chaussures dans l'entrée, je suis exaspéré car j'ai besoin d'ordre dans la maison.*

*4. Tu m'avais dit que tu viendrais au vernissage de Joël et tu n'es pas venu. Je suis fâché parce que j'ai besoin d'être sûr que les gens tiendront leurs engagements.*

*5. Je m'ennuie lorsque j'entends dix fois la même chose parce que j'ai besoin d'apprendre quelque chose de nouveau.*

# Exercice n° 37 • Identifiez vos besoins

Imaginez que les pensées suivantes vous traversent l'esprit. Quel besoin personnel vous semble-t-il alors insatisfait ?

Exemple : « Mon patron est psycho-rigide » → besoin de chaleur, de convivialité.

| | |
|---|---|
| « Ce type n'arrête pas de parler. » | → besoin de |
| « J'espère que je ne vais pas paniquer. » | → besoin de |

| | |
|---|---|
| « Mon collègue me déteste. » | → besoin de |
| « C'est ennuyeux. » | → besoin de |
| « Ce tableau est affreusement moche. » | → besoin de |
| « J'aimerais qu'il me fasse signe. » | → besoin de |
| « Je ne le trouve pas sincère du tout » | → besoin de |
| « On ne peut pas te faire confiance » | → besoin de |



## Pistes de solutions

*Voici mes réponses personnelles, mais je peux tout à fait imaginer que vous ayez donné d'autres réponses. Le contraire serait inquiétant !*

| | |
|---|---|
| « Ce type n'arrête pas de parler. » | → besoin de calme, d'apaisement. |
| « J'espère que je ne vais pas paniquer. » | → besoin de confiance en soi, de soutien. |
| « Mon collègue me déteste. » | → besoin d'acceptation, de considération. |
| « C'est ennuyeux. » | → besoin de stimulation, d'enrichissement. |
| « Ce tableau est affreusement moche. » | → besoin de beauté, d'harmonie. |
| « J'aimerais qu'il me fasse signe. » | → besoin de contact, de rapprochement. |
| « Je ne le trouve pas sincère du tout. » | → besoin d'authenticité. |
| « On ne peut pas te faire confiance. » | → besoin de fiabilité. |

**Identifiez vos propres besoins !**

*Peut-être n'avez-vous pas besoin que l'on vous rabâche les choses, mais j'insiste sur le fait qu'il est essentiel, dans un conflit, d'identifier ses propres besoins insatisfaits pour sortir du cycle infernal de l'accusation d'autrui. Cette attitude ne fait que renforcer l'antagonisme. Entendez ce message : ce sont vos besoins satisfaits ou insatisfaits qui sont la clé de ce que vous ressentez. Mettre en cause les autres ou ce qu'ils font n'a pas d'autre effet que de produire toujours plus de conflit.*

## Exercice n° 38 • Formuler une demande

Une vraie demande n'est pas un ordre, une exigence ou une menace. Elle est sincère, formulée clairement, positivement, et porte sur des actions concrètes.

*Selon vous, les demandes suivantes répondent-elles à ces critères ? Pointez au crayon celles qui conviennent.*

1. Je voudrais que tu fasses l'effort de me comprendre.
2. Je vous demande d'être moins manipulateur, sinon je vais en parler au chef.
3. J'aimerais que tu frappes avant d'entrer dans ma chambre.
4. Je te propose de participer aux tâches ménagères en passant l'aspirateur dans ta chambre tous les lundis et les jeudis.
5. Je ne souhaite pas que l'on continue comme cela.
6. J'ai envie que nous fassions plus de choses ensemble, serais-tu d'accord ?
7. Je propose qu'à partir de maintenant, tu me demandes de répéter lorsque tu n'as pas compris ce que j'explique.
8. J'aimerais que tu me dises comment tu te sens maintenant et de quoi tu as besoin.
9. J'exige que le courrier soit distribué à 9 h 17, dernier carat !
10. Serais-tu d'accord pour prendre tes vacances du 1er au 15 août ?

## Pistes de réponses

*Les phrases suivantes répondent aux critères d'une demande correctement formulée : 3, 4, 7, 8 et 10.*

*Les autres phrases ne répondent pas aux critères. Voici pourquoi :*

***1.** « que tu fasses l'effort de me comprendre » est une formulation trop imprécise ;*

***2.** « être moins manipulateur » ne veut pas dire grand-chose. De quoi parle-t-on exactement ? Quels sont les comportements qui posent problème ? « Sinon je vais en parler au chef » est une menace ;*

***5.** demande imprécise et formulée négativement : « que l'on continue comme ça… » Quoi ? Dans quel domaine ? À propos de quoi ?*

*6. quel genre de choses ? Sortir en balade ? Aller au cinéma, au restaurant chinois ? Quand ? À quel rythme ?*

*9. même très claire et très concrète, une exigence n'est pas une demande !*

## Exercice n°39 • Les étapes de la communication non violente

*Les remarques ci-dessous expriment-elles : une observation (O), un ressenti (R), un besoin (B), une demande (D) ou autre chose (?). Inscrivez en face de chaque proposition l'un des symboles indiqués entre parenthèses.*

**1.** Je sais que vous ne m'aimez pas.

**2.** Je souhaiterais pouvoir m'exprimer.

**3.** Voulez-vous m'accorder un entretien.

**4.** Je suis énervé quand vous bavardez, parce que j'ai besoin de calme pour assurer ma formation.

**5.** Cela m'a mis de mauvaise humeur.

**6.** Arnaud est rentré du travail à 23 heures.

**7.** Je suis bouleversé.

**8.** J'ai le sentiment que Valérie est sans-gêne.

**9.** À l'avenir, je vous propose de réduire de vingt-quatre heures vos délais d'intervention.

**10.** Elsa m'a fait part de son intention d'arrêter le piano.

## Commentaire

***1 ? ; 2 B ; 3 D ; 4 R et B ; 5 R ; 6 O ; 7 R ; 8 ? ; 9 D ; 10 O.***

***Si vous avez au moins 8 réponses correctes****, vous avez parfaitement compris le processus de la communication non violente. Reste à l'expérimenter avec habileté au quotidien.*

***Si vous avez moins de 8 réponses correctes****, vous n'avez pas complètement assimilé les étapes de cette méthode. Reprenez quelques pages en arrière…*

# Exercice n° 40 • Évaluation

*Retrouvez la séquence de la communication non violente en remettant ordre les éléments suivants.*

B. Nommer son ressenti.

A. Formuler une demande.

C. Observer une situation.

D. Identifier ses besoins.

1 : ____ ; 2 : ____ ; 3 : ____ ; 4 : ____

## Commentaire

*L'ordre des éléments est le suivant :* ***1C ; 2B ; 3D ; 4A****.*

*L'avez-vous retrouvé ? Bravo ! Avez-vous eu des difficultés ? Vous pourriez revoir le chapitre 3. J'attire votre attention sur le fait qu'il est possible d'intervertir l'observation de la situation et l'expression du ressenti sans que cela nuise au processus.*

*En situation de conflit, efforcez-vous de garder en mémoire les éléments suivants :*

- *parlez en utilisant le pronom « je » ; le « tu » est accusateur ;*
- *affirmez-vous clairement et complètement ;*
- *utilisez des phrases positives : « Je souhaite que… », plutôt que : « Je n'ai pas envie que… » ;*
- *défendez vos droits sans pour autant remettre en cause ceux des autres ;*
- *soyez attentif à ce que vous ressentez ;*
- *gardez le contact avec votre opposant.*

## Exercice n° 41 • À vous de jouer !

Lisez la situation décrite ci-dessous et rédigez votre formulation en suivant les quatre étapes du processus de communication non violente (je vous conseille de nommer la personne dans l'étape n° 1 pour bien indiquer qu'il n'y a aucune ambiguïté sur l'identité du récepteur).

## Situation

Le chat de votre voisin M. Duval a pris pour habitude de faire ses crottes dans le bac à sable de vos enfants. Vous êtes irrité et vous voulez que cela cesse.

Étape n° 1 – Observation

- - - - - - - - - - - - - - - - - - - - - - - - - - - - - - - - - - - - - - - -

- - - - - - - - - - - - - - - - - - - - - - - - - - - - - - - - - - - - - - - -

Étape n° 2 – Ressenti

- - - - - - - - - - - - - - - - - - - - - - - - - - - - - - - - - - - - - - - -

- - - - - - - - - - - - - - - - - - - - - - - - - - - - - - - - - - - - - - - -

Étape n° 3 – Besoin

- - - - - - - - - - - - - - - - - - - - - - - - - - - - - - - - - - - - - - - -

- - - - - - - - - - - - - - - - - - - - - - - - - - - - - - - - - - - - - - - -

Étape n° 4 – Demande

- - - - - - - - - - - - - - - - - - - - - - - - - - - - - - - - - - - - - - - -

- - - - - - - - - - - - - - - - - - - - - - - - - - - - - - - - - - - - - - - -

## Piste de réponse

*Voici la façon dont j'aborderais les choses :*

*« Monsieur Duval, quand je vois votre chat faire ses crottes dans le bac à sable de mes enfants, je suis exaspéré parce que j'ai besoin que cet espace de jeu soit propre. Seriez-vous d'accord pour acheter un bac à litière à votre chat et l'éduquer pour qu'il cesse de faire ses besoins chez moi ? »*



### Conseil

*Entraînez-vous régulièrement à ce processus de formulation et affinez votre pratique pour disposer de plusieurs variantes, afin d'éviter des tournures par trop répétitives.*

# 4

# Drôle d'endroit pour une rencontre

Tout conflit est l'occasion d'une rencontre avec soi-même et avec l'autre. Une confrontation avec ses différences, ses valeurs, ses besoins, ses attentes. Souvent, nous redoutons le moment du face-à-face, parce qu'il nous renvoie à plusieurs éléments que nous ne pouvons pas maîtriser et qui peuvent nous troubler, nous déstabiliser : l'autre va probablement nous juger, nous allons sentir le poids de son regard sur nous, nous allons devoir nous mettre à nu pour livrer nos émotions et nos besoins.

Si l'autre empiète sur nos prérogatives, nous devrons sans doute également nous affirmer pour nous défendre en tant que sujet.

Et puis, il y a l'inquiétude qui accompagne toute tentative de résolution d'un conflit : et si les choses tournaient mal, si l'autre nous congédiait, si le conflit entraînait un changement trop radical, et si..., et si... Toutes ces prophéties ne changent rien à l'évidence : la rencontre est inévitable, l'échange de paroles incontournable. Ce chapitre vous aidera à faire le point sur votre rapport aux autres et à la conflictualité.

# Exercice n° 42 • Positions de vie

Les positions de vie sont un concept issu de l'analyse transactionnelle. Dans vos relations avec votre entourage, notamment en situation de conflit, votre comportement est déterminé par la perception que vous avez de vous-même et des autres. Quatre formes principales de « rapport à l'autre » peuvent se présenter en fonction de la valeur que l'on accorde à soi-même et aux autres.

*Lisez les affirmations suivantes et validez les cases qui vous correspondent en utilisant le barème suivant :*

- Cela ne me ressemble pas du tout : pas de point.
- Cela me ressemble un peu : 1 point.
- Cela me ressemble assez : 2 points.
- C'est tout à fait moi : 3 points.

| | **Cela ne me ressemble pas du tout.** | **Cela me ressemble un peu.** | **Cela me ressemble assez.** | **C'est tout à fait moi !** |
|---|---|---|---|---|
| **1.** Je suis perçu comme quelqu'un de fataliste. | | | | |
| **2.** J'ai tendance à me sous-estimer. | | | | |
| **3.** J'apprécie la compagnie des autres. | | | | |

| | | | | |
|---|---|---|---|---|
| **4.** On ne peut compter sur personne à part soi-même. | | | | |
| **5.** On ne peut compter sur personne, même pas sur soi-même. | | | | |
| **6.** J'ai confiance dans l'avenir de l'humanité. | | | | |
| **7.** J'ai parfois tendance à rabaisser les autres. | | | | |
| **8.** J'aime qu'on m'obéisse. | | | | |
| **9.** Je suis moins chanceux que les autres. | | | | |
| **10.** Nous n'y arriverons jamais. Nous sommes fichus. | | | | |
| **11.** Je suis plutôt mal dans mes baskets. | | | | |
| **12.** La vie n'est vraiment drôle pour personne. | | | | |
| **13.** J'aime consulter les gens autour de moi avant de prendre une décision. | | | | |
| **14.** Je me sens bien dans ma peau. | | | | |
| **15.** Les gens devraient suivre un peu plus souvent mes conseils. | | | | |
| **16.** Tu es plus doué que moi pour ce genre de problème. Je te laisse te débrouiller. | | | | |
| **17.** Un pour tous, tous pourris ! | | | | |
| **18.** Je m'adapte en toutes circonstances. | | | | |

| | Cela ne me ressemble pas du tout. | Cela me ressemble un peu. | Cela me ressemble assez. | C'est tout à fait moi ! |
|---|---|---|---|---|
| **19.** Ce que les autres pensent de moi ne peut que m'enrichir. | | | | |
| **20.** Je n'ai rien à faire de ce que l'on peut penser de moi. | | | | |
| **21.** On dit de moi que je suis une personne épanouie. | | | | |
| **22.** Je suis plutôt défaitiste de nature. | | | | |
| **23.** Je doute souvent de mes capacités. | | | | |
| **24.** Je n'ai pas une très haute idée de moi-même. | | | | |
| **25.** Je n'ai pas confiance dans les autres. | | | | |
| **26.** J'ai la critique facile. | | | | |
| **27.** Je n'aime pas prendre des responsabilités. | | | | |
| **28.** J'ai de nombreux amis. | | | | |
| **29.** Je perds souvent pied, alors j'appelle à l'aide. | | | | |
| **30.** Je suis désabusé. | | | | |
| **31.** J'aurai le dernier mot. | | | | |
| **32.** Tous dans la même galère. | | | | |

## Analyse et commentaire

### Faites vos comptes…

*Reportez vos résultats dans le tableau ci-dessous et faites le total de vos points pour chaque colonne.*

| **SEGMENT A** | | **SEGMENT B** | |
|---|---|---|---|
| Affirmation | Points | Affirmation | Points |
| 3 | | 4 | |
| 6 | | 7 | |
| 13 | | 8 | |
| 14 | | 15 | |
| 18 | | 20 | |
| 19 | | 25 | |
| 21 | | 26 | |
| 28 | | 31 | |
| **TOTAL** | | **TOTAL** | |
| **SEGMENT C** | | **SEGMENT D** | |
| Affirmation | Points | Affirmation | Points |
| 2 | | 1 | |
| 9 | | 5 | |
| 11 | | 10 | |
| 16 | | 12 | |
| 23 | | 17 | |
| 24 | | 22 | |
| 27 | | 30 | |
| 29 | | 32 | |
| **TOTAL** | | **TOTAL** | |



*À présent, pour chacun des segments A, B, C et D, inscrivez vos résultats avec un marqueur de couleur sur le diagramme suivant (tracez un trait qui part de 0 jusqu'au repère correspondant à votre score).*

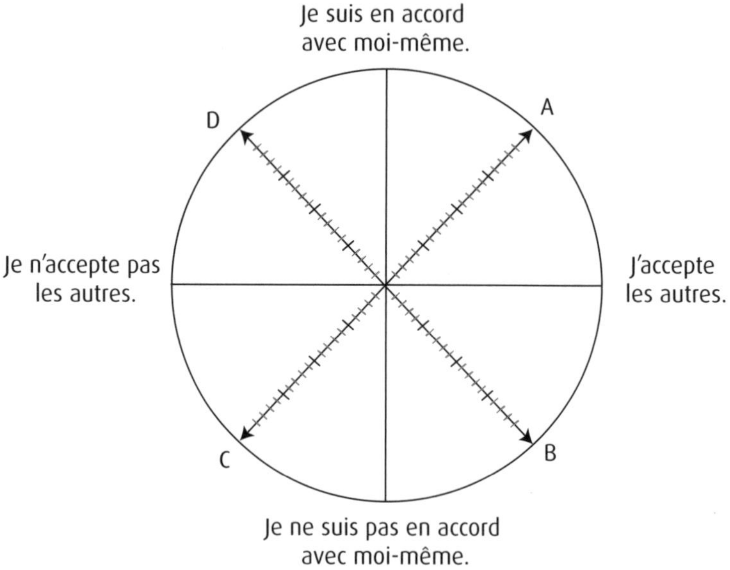


*Maintenant, lisez les analyses qui suivent en gardant un œil sur vos propres positions de vie ! Ce test vous donne un éclairage intéressant sur votre portrait psychologique.*

## Segment A : Harmonie

*Vous êtes épanoui. Vous vous acceptez tel que vous êtes, vous respectez les autres et vous avez envie de vous enrichir à leur contact. Vous avez conscience de votre propre valeur et de celle des gens que vous côtoyez. Vous n'agissez pas avec eux en fondant vos rapports sur une relation de type soumission/domination. Bien au contraire, vous cherchez à entretenir des relations adultes et à coopérer chaque fois que cela est possible. Vous êtes prêt à résoudre vos conflits dans les meilleures conditions.*

## Segment B : Dévalorisation de soi

*Les autres sont mieux que vous. Ils réussissent là où vous échouez, ils sont heureux quand vous pleurez… Franchement, laissez-moi vous dire que vous n'avez pas une très haute d'image de vous. Vous ne vous sentez pas à la hauteur et vous avez tendance à vous replier sur vous-même. Et si vous cessiez de vous sous-estimer ?*

**Segment C : Dépression**

*Vous avez une image très négative du monde, des autres et de vous-même. Vous n'attendez rien de personne Les autres vous font peur et vous n'avez pas beaucoup d'estime pour vous-même. Peut-être pourriez-vous essayer des lunettes roses afin de voir le monde sous un meilleur jour ?*

**Segment D : Surévaluation/Domination**

*Dans votre esprit, vous valez beaucoup mieux que quiconque et cela se manifeste de deux façons différentes : soit vous envisagez l'autre de manière condescendante en le dévalorisant, soit vous le prenez de haut et vous vous conduisez de façon agressive envers lui. Vous avez fortement tendance à vous valoriser et à tenir les gens pour responsables de ce qui vous cause du désagrément. Est-ce bien honnête ?*

## Exercice n°43 • Double action

Résoudre un conflit comporte deux dimensions essentielles : *être en relation* pour se sentir présent et dialoguer avec l'autre dans de bonnes conditions et *rechercher un accord* dans lequel chacun va se sentir engagé.

*Voici différentes actions. Comment les distribuez-vous dans le tableau ci-après ? Notez les chiffres correspondants dans les colonnes.*

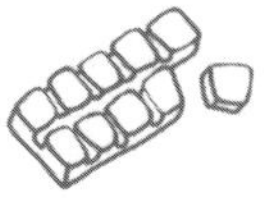

1. Négocier
2. Clarifier
3. Être à l'écoute

4. Comprendre
5. Respecter
6. Se rencontrer
7. Expliquer
8. Raisonner
9. Poser des jalons
10. Coopérer
11. Avoir confiance
12. Être vraiment présent

| **Être en relation** | **Rechercher un accord** |
|---|---|
| | |

## Pistes de réponses

*Être en relation :* ***3, 5, 6, 7, 10, 11*** et ***12***.

*Rechercher un accord :* ***1, 2, 4, 7, 8*** et ***9***.

*La forme influe sur le fond, la relation prime sur le contenu : retenez que la recherche d'un accord est entièrement conditionnée par la qualité de votre relation. C'est donc d'abord sur ce point que vous devez centrer votre action.*

# Exercice n° 44 • Empathiques

L'empathie est une pratique relationnelle qui consiste à se représenter l'état mental d'autrui en s'abstenant de tout jugement de valeur, de toute identification ou contagion émotionnelle.

*Lisez les dialogues suivants et indiquez si la réponse est empathique ou pas.*

**1.** « Je n'aurais pas dû me mettre en colère contre ma fille. Ça n'était pas volontaire. Je me suis emporté. »

Réponse : « Vous regrettez de vous être mis en colère contre votre fille, et maintenant vous vous sentez coupable. »

☐ C'est une réponse empathique ☐ Ce n'est pas une réponse empathique

**2.** « Je n'aime pas que l'on débarque chez moi sans prévenir. »

Réponse : « Je vous comprends. Ma belle-sœur me fait le coup tous les dimanches. Je ne sais plus comment m'en dépêtrer. »

☐ C'est une réponse empathique ☐ Ce n'est pas une réponse empathique

**3.** « Si je n'étais pas là, je me demande franchement comment tu ferais. »

Réponse : « Mais ne t'inquiète pas, je saurais parfaitement me débrouiller. »

☐ C'est une réponse empathique ☐ Ce n'est pas une réponse empathique

**4.** « J'en ai assez que vous bavardiez pendant ma conférence. »

Réponse : « Vous êtes excédé par les personnes qui bavardent parce que vous avez besoin de faire votre conférence dans le calme. »

☐ C'est une réponse empathique ☐ Ce n'est pas une réponse empathique

**5.** « J'aimerais que tu cesses de me parler comme si j'étais une enfant de trois ans. »

Réponse : « Tu es exaspérée parce que tu trouves que je te parle de façon infantile et tu as besoin que l'on t'accorde davantage de considération. »

☐ C'est une réponse empathique ☐ Ce n'est pas une réponse empathique

## Commentaire

*Les réponses des dialogues **1, 4 et 5** sont empathiques.*

*La réponse **2** est une réponse compatissante dans laquelle l'interlocuteur parle surtout de son expérience personnelle. Je préférerais pour ma part : « Vous vous sentez sous pression quand les gens arrivent chez vous à l'improviste parce que vous avez besoin de vous organiser pour les recevoir. »*

*La réponse **3** est une réponse équivoque, ironique et potentiellement conflictuelle. « Tu penses que, sans ton aide, je serais incapable d'assumer les tâches qui m'incombent. » serait une réponse plus empathique.*

*La pratique empathique est un pendant naturel de la communication non violente parce qu'elle invite l'autre à prolonger le dialogue, à exprimer son ressenti, ses besoins, sa demande. Elle nécessite que vous concentriez votre attention sur ce qui se passe chez les autres. Pour cela, il faut, en amont, que vous soyez attentif à ce qui se passe en vous-même. J'attire toutefois votre attention sur le fait que cette technique de paraphrase doit être utilisée avec tact et discernement.*

## Exercice n° 45 • Comment résoudre les différents types de conflits ?

Nous avons vu dans le chapitre 1 qu'il existait cinq principaux types de conflit : les conflits de valeur, les conflits de besoin, les conflits d'intérêt, les conflits de rôle et les conflits de personnalité. Quels sont, à votre avis, les attitudes ou les comportements spécifiques qui vont permettre de résoudre ces conflits au mieux ?

Remplissez le tableau ci-après en notant simplement les chiffres de référence pour chaque proposition.

| Types de conflit | Attitudes/comportements |
|---|---|
| Conflit de valeur | |
| Conflit de besoin | |
| Conflit d'intérêt | |
| Conflit de rôle | |
| Conflit de personnalité | |

1. Chercher des solutions favorables aux protagonistes qui ne soient pas de nature compétitive.
2. Établir un cadre, des règles de fonctionnement, des tâches claires pour chacun.
3. Ne pas asséner ses conceptions personnelles comme des vérités objectives.
4. Demander clairement ce qui contribue à notre bien-être.
5. Comprendre les conduites qui guident les individus dans une situation sociale précise.
6. Avoir conscience du fait que ce type de conflit ne repose sur aucun fait objectif.
7. Déterminer avec précision les buts et les motivations des deux personnes en conflit.
8. Comprendre que ce que nous ressentons nous indique le degré de satisfaction de nos besoins.
9. Savoir que ce qui nous gêne dans cette personne représente souvent un aspect de nous-mêmes que nous avons du mal à assumer.
10. Reconnaître que quelqu'un qui ne partage pas mes croyances ne constitue généralement pas un danger pour moi.

## Pistes de réponses

*Voici mes propositions. Nous pouvons avoir des glissements ou des superpositions en fonction de la nature du conflit. Mais dans l'ensemble, sommes-nous d'accord ?*

| Types de conflit | Attitudes/comportements |
|---|---|
| Conflit de valeur | 3, 10 |
| Conflit de besoin | 4, 8 |
| Conflit d'intérêt | 1, 7 |
| Conflit de rôle | 2, 5 |
| Conflit de personnalité | 6, 9 |

# Exercice n° 46 • Êtes-vous prêt ?

Vous êtes en train de vivre un conflit. Je vous propose de vérifier que vous êtes prêt pour le face-à-face.

*Remplissez le tableau ci-dessous de façon précise. Si vous n'êtes pas en mesure de le faire en totalité, ou si vous jugez que certains points restent flous dans votre esprit, accordez-vous le temps de la réflexion.*

| Questionnement | Analyse personnelle |
|---|---|
| Pensez-vous comprendre quels sont les sources et les enjeux cachés du conflit, ou bien souhaitez-vous mettre cette rencontre à profit pour essayer d'y voir plus clair ? Dans ce cas, avez-vous réfléchi à la façon de procéder pour recueillir des informations auprès de votre opposant ? | |
| Avez-vous conscience de vos réactions probables, selon les réponses de l'autre, et des effets qu'elles peuvent produire ? | |
| Savez-vous exactement ce que vous voulez ? Disposez-vous personnellement d'un répertoire de réponses possibles ? | |

| Questionnement | Analyse personnelle |
|---|---|
| En tenant compte de vous-même et de votre opposant, une piste vous paraît-elle plus adaptée que les autres ? | |
| Qu'avez-vous à perdre, qu'avez-vous à gagner dans la résolution du conflit ? | |
| Avez-vous essayé de vous mettre à la place de l'autre ?<br>Que ressent-il ? Quels sont ses besoins ? Qu'est-ce qui vous permet d'affirmer cela ? | |

| Questionnement | Analyse personnelle |
|---|---|
| Êtes-vous prêt à changer d'orientation, à revoir votre position si nécessaire ? Comment pensez-vous vivre ce changement après coup ? | |
| Avez-vous l'intention d'instaurer un climat favorable pour la rencontre ? Comment allez-vous vous y prendre ? | |
| Quels seront, à votre avis, les effets, les suites possibles de cette rencontre, dans un futur très proche et pour un avenir plus lointain ? | |

## Commentaire

*Être au clair avec ces questions me paraît indispensable pour aborder la conflictualité dans de bonnes conditions. Avec un peu d'expérience, vous constaterez que ce type de questionnement permet de prendre de la distance avec la matière même du conflit, ce qui évite les débordements émotionnels et les phénomènes d'escalade.*

# Exercice n° 47 • Quelques définitions

Quand tout dialogue est impossible, que la communication est complètement paralysée et que l'animosité et la rancune empêchent de traiter le conflit de façon pacifique, la résolution du conflit peut être confiée à un tiers spécialiste.

*Saurez-vous retrouver les définitions qui correspondent à ces trois mots ?*

**A.** Médiation : ____________

**B.** Arbitrage : ______________

**C.** Conciliation : ___________

1. Accord de deux personnes en litige par l'intervention d'un tiers neutre et indépendant. L'objectif est de trouver une solution tout en préservant la relation.
2. Aide apportée à des parties en conflit pour permettre la rencontre, renouer la communication et faire en sorte que les personnes trouvent elles-mêmes des solutions conformes à leurs intérêts réciproques. Le tiers n'a ni pouvoir de contrainte, ni obligation de résultat.
3. Règlement d'un différend par un tiers auquel les parties en conflit ont décidé d'un commun accord de s'en remettre. Ce tiers neutre et impartial prononce un jugement qui règle le problème. La solution est privilégiée au détriment de l'action.

## Commentaire

*Les réponses sont **A2 ; B3 ; C2**.*

*Vous pourriez retenir, pour simplifier, que l'arbitrage est centré sur la recherche de solution et la médiation sur la préservation de la relation. La conciliation, à mi-chemin entre les deux, s'efforce de trouver une solution sans négliger la relation.*

# Exercice n° 48 • Que faire ?

Parfois, le conflit piétine. Vous voudriez bien faire avancer les choses, mais l'autre se montre réticent.

*Quelles solutions proposeriez-vous dans les cas suivants ?*

| Ce qui bloque | Votre solution |
|---|---|
| **1.** L'autre est de mauvaise foi. | |
| **2.** L'autre vous critique systématiquement. | |
| **3.** L'autre est agressif. | |
| **4.** L'autre est inerte. | |
| **5.** L'autre semble tomber des nues. | |

| Ce qui bloque | Votre solution |
|---|---|
| **6.** L'autre vous fait la morale. | |
| **7.** L'autre est incohérent. | |
| **8.** L'autre ne pense qu'à lui. | |
| **9.** L'autre est angoissé. | |
| **10.** L'autre vous congédie. | |

## Pistes de réponses

*1. Multipliez calmement les interrogations pour le faire parler et mettre à jour ses contradictions. Affirmez ensuite calmement que son comportement ne vous semble pas compatible avec une recherche loyale de solution. Faites apparaître vos besoins.*

*2. Accueillez les critiques avec calme. Écoutez votre interlocuteur jusqu'au bout, sans chercher à le contrer. Essayez de comprendre l'intention réelle qu'il poursuit. Refusez d'être catalogué et exigez des faits précis. Reconnaissez les critiques qui vous semblent fondées et répondez sans concession à celles qui ne le sont pas.*

*3. Dans un premier temps, gardez votre sang-froid, faites preuve d'écoute et ne montrez aucune complaisance. Ne souriez pas et prenez les choses en main avec détermination. Essayez d'analyser ce qui se cache derrière cette attitude : peur, sentiment d'insécurité, besoin de reconnaissance, manque de confiance en soi, refus du conflit… Laissez-le extérioriser sa colère et sa violence intérieure tant que celles-ci ne dépassent pas les limites de l'acceptable. Dans le cas contraire, si l'autre vous insulte ou vous menace physiquement, interrompez la relation. Une fois l'orage passé, faites comprendre à l'autre que vous n'êtes pas son ennemi et que vous souhaitez sincèrement lui venir en aide. Introduisez du « nous » dans vos propos pour l'impliquer dans la résolution du problème.*

*4. Ne baissez pas les bras en pensant que la cause est perdue. Si l'autre se comporte ainsi, c'est sans doute qu'il éprouve des difficultés à communiquer, à exprimer ses émotions ou qu'il est indécis. Posez-lui des questions, rassurez-le, encouragez-le à se manifester. Soyez chaleureux et évitez de le secouer comme un prunier pour lui tirer les vers du nez.*

*5. « Ça alors ! Quelque chose ne va pas entre nous ? Si j'avais pu m'imaginer… » De deux choses l'une : ou votre partenaire joue les imbéciles, ou il est complètement à côté de la plaque, hermétique au monde qui l'entoure. Détaillez méthodiquement la situation, émaillez-la de faits et d'exemples précis et utilisez la technique de la communication non violente pour faire apparaître le problème. Toujours pas de réaction ? Laissez tomber. Il se moque de vous.*

*6. Il vous juge en multipliant les principes auxquels, selon lui, vous ne répondez pas. Il se prend au sérieux et assène ses valeurs. Utilisez le questionnement et la reformulation pour lui montrer à quel point son comportement est rigide et intolérant. Vous pouvez aussi adopter une attitude en miroir en lui renvoyant vos propres préceptes moraux, ou simuler la colère.*

***7.** Bavardages incessants, dispersion, impatience, votre opposant a du mal à se poser et à mettre de l'ordre dans ses idées. Gardez votre calme et ne gaspillez pas votre énergie inutilement. Centrez la discussion sur vos objectifs mutuels et faites des pauses, des synthèses partielles, pour souligner chaque proposition positive. Assurez-vous que l'autre vous suit dans cette démarche. Soyez rassurant et sûr de vous.*

***8.** Il se plaint, s'appesantit sur ses efforts personnels et insiste sur ses besoins sans tenir compte des vôtres. La seule solution qui lui paraisse satisfaisante est celle qu'il propose. Il ne vous écoute pas, ou alors d'une oreille polie. Ne vous énervez pas, même s'il y a de quoi, et insistez sur la nécessité de trouver une solution* **ensemble***. Ne cédez pas à la pression en acceptant trop rapidement une issue pour « avoir la paix ». Autre solution : vous pouvez jouer la même partition que votre adversaire en « enfonçant le clou ». Centrez vos interventions sur sa personne. À la longue, il finira peut-être par percevoir le paradoxe.*

***9.** Il dramatise et pratique l'autoflagellation. Aidez-le à se recentrer sur des faits objectifs et dépassionnez le conflit. Efforcez-vous d'avoir une approche pragmatique et proposez une méthode de travail et un calendrier. Montrez que vous avez confiance en lui et que vous êtes persuadé qu'une solution est possible.*

***10.** De quel droit cette personne dénie-t-elle la possibilité de vous exprimer librement ? Essayez d'en savoir plus en utilisant le questionnement. Testez également la colère feinte ou l'explication sauvage, en donnant un sens erroné à son comportement pour le faire réagir. Si toute communication semble impossible, votre relation est peut-être compromise.*

# Exercice n° 49 • Auto-évaluation

*À présent, faites sincèrement le point sur vos capacités personnelles et complétez le cas échéant vos compétences à développer.*

| Je suis capable... | Oui | Non | Compétences à développer |
|---|---|---|---|
| D'aborder le conflit avec sérénité. | | | |
| De m'exprimer sincèrement. | | | |
| De différencier observation/jugement/évaluation. | | | |
| De me situer en indiquant mon ressenti et mes besoins. | | | |

| Je suis capable... | Oui | Non | Compétences à développer |
|---|---|---|---|
| De formuler une demande claire, concrète et mesurée. | | | |
| D'oser me confronter. | | | |
| D'inviter l'autre à parler. | | | |
| D'accueillir ce que l'autre me dit. | | | |
| D'écouter l'autre avec empathie. | | | |

| Je suis capable... | Oui | Non | Compétences à développer |
|---|---|---|---|
| D'entendre la demande de l'autre. | | | |
| De m'ajuster aux réactions de l'autre. | | | |
| De distinguer la personne de son comportement. | | | |
| De faire face à la violence. | | | |



## Commentaire

*Évaluer ce que l'on sait faire, les compétences que l'on maîtrise et celles qu'il nous faut travailler est assurément le chemin le plus riche pour évoluer et développer une meilleure connaissance de soi. Sous réserve que cette évaluation soit formative et n'appelle aucune culpabilité ou dévalorisation personnelle... Apprenez à être bienveillant avec vous-même, vous le deviendrez avec les autres !*

# Exercice n° 50 • Contrat d'évolution

Je vous propose à présent de réfléchir à un objectif personnel que vous voudriez atteindre pour changer votre manière d'aborder les conflits. Que voulez-vous changer ou appliquer en priorité ?

*Remplissez ce petit contrat avec vous-même.*

**CONTRAT**

Quelle est ma résolution ? Qu'est-ce que je veux modifier concrètement ?

Pour quelle(s) raison(s) ? Qu'est-ce que j'attends à titre personnel de ce changement ?

Comment cette résolution peut-elle modifier mes relations avec les autres ?

À quoi verrai-je que j'ai réussi ?

_____________________________________

_____________________________________

_____________________________________

À quoi les autres verront-ils que j'ai changé ?

_____________________________________

_____________________________________

_____________________________________

Quels sont mes atouts majeurs pour réussir ?

_____________________________________

_____________________________________

Comment ai-je déjà gâché de telles résolutions ?

_____________________________________

_____________________________________

Je commence le :

_____________________________________

Je fais un point complet à J + 10, soit le :

_____________________________________

Fait à ____________, le ____________.

Signature

# Conclusion

L'animal emblématique de la communication non violente et de la résolution pacifique des conflits est la girafe. Savez-vous pourquoi ? Parce que, de tous les mammifères, la girafe est celui qui possède le cœur le plus volumineux, mais également parce qu'en raison de sa conformation physique, cet animal surplombe du regard ce qui se passe autour de lui.

Je souhaite que vous puissiez, à l'aide de cet ouvrage, développer une approche plus constructive du conflit, que vous sachiez prendre la hauteur nécessaire à l'analyse et au traitement des désaccords. Je souhaite également que ce livre vous amène à pratiquer une écoute plus respectueuse de vous-même et des autres.

Je vous souhaite bon vent avant de vous laisser méditer cette invitation de Martin Luther King : « Il nous faut apprendre à vivre ensemble comme des frères, sinon nous allons périr ensemble comme des imbéciles. »

Si vous souhaitez prendre contact ou échanger avec moi, voici mon adresse de courrier électronique : carrech@orange.fr

# Pour aller plus loin

Voici une petite bibliographie sélective parmi les livres qui m'ont inspiré pour la rédaction de ces cinquante exercices.


- BAYADA, Bernadette (dir.), *Conflits, mettre hors-jeu la violence*, Lyon, Chronique Sociale, 1999. Ce livre décrit, à travers de nombreuses expériences, une approche non violente des conflits.
- BRÉARD, Richard, PASTOR, Pierre, *Gestion des conflits, la communication à l'épreuve*, Rueil-Malmaison, Liaisons, 2000. Les auteurs, spécialistes en sciences de l'information et de la communication, s'intéressent ici aux conflits dans les organisations.
- CARRÉ, Christophe, *Sortir des conflits avec les autres*, Paris, Eyrolles, 2007. Par l'auteur du présent cahier d'exercices, un livre pour approfondir les notions et développer une véritable culture du conflit.
- CHALVIN, Dominique, *Tensions et conflits dans les relations personnelles*, Paris, ESF, 1999. Des outils efficaces pour sortir plus fort des conflits quotidiens.
- D'ANSEMBOURG, Thomas, *Cessez d'être gentil, soyez vrai !* Montréal, Éditions de l'Homme, 2001. Dans le droit fil de la méthode de Rosenberg, des réponses à la question essentielle : comment être avec les autres en restant soi-même ?
- GANDHI, *Tous les hommes sont frères*, Paris, Gallimard, « Folio », 1990. Le maître à penser de la non-violence.

- Hunyadi, Mark, *La Vertu du conflit*, Paris, Éditions du Cerf, 1995. Un petit livre pour les amateurs de philo sur la « force éclairante » du conflit. Vers une morale de la médiation.
- Leu, Lucy, *Manuel de communication non violente*, Paris, La Découverte, 2005. Des exercices individuels et collectifs à utiliser comme manuel d'accompagnement de l'ouvrage de Rosenberg *Les mots sont des fenêtres.*
- Morineau, Jacqueline, *L'Esprit de la médiation*, Ramonville-Saint-Agne, Érès, 1998. Où l'auteur explique comment la médiation pourrait participer à la construction d'une culture de paix et composer un projet mobilisateur pour une société nouvelle.
- Rosenberg, Marshall B., *Les mots sont des fenêtres (ou bien ce sont des murs)*, Paris, Syros, 1999. Un classique du processus de communication dynamique, mais plus encore qu'un processus, un chemin de cohérence et de lucidité. Par le fondateur du Centre pour la communication non violente.
- Rosenberg, Marshall B., *La Communication non violente au quotidien*, Saint-Julien-en-Genevois, Jouvence, 2003. Du même auteur, un précis de CNV pour lecteur pressé.
- Simmel, Georg, *Le Conflit*, Paris, Circé, 1995. Un ouvrage complexe. Le sociologue allemand Georg Simmel fut l'un des premiers à mettre en évidence l'apport positif des conflits dans la vie sociale.
- Tillon, Caroline, *Et si le conflit devenait un plaisir ?*, Nantes, Siloé, 1994. Ce livre, qui s'adresse aux parents, invite à dédramatiser les conflits familiaux.
- Touati, Armand (dir.), *Conflits et origines, évolutions, dépassements*, Marseille, Hommes et perspectives, 1990. Une approche psychologique : les conflits accompagnent la vie psychique dès les premières relations.